LA INVESTIGACIÓN FINANCIERA PARA LA PERSECUCIÓN DE FONDOS DE ORIGEN ILÍCITO

Ever Navarro Ramírez

Navarro Ramírez, Ever

La investigación financiera para la persecución de fondos de origen ilícito.
1ª ed.—San José, CR. 2015

La investigación financiera para la persecución de fondos de origen ilícito.
2ª ed.—San José, CR. 2023

ISBN-13: 978-1522891666
ISBN-10: 1522891668

A Dios por su gran amor y misericordia

A la Virgen Santísima por su protección

A Patricia, Jennifer e Isaac son el motor de mi vida.

CONTENIDO

INTRODUCCIÓN 9

CAPITULO I 13

Los delitos financieros...13

Los delitos financieros...18

Legitimación de capitales. 18

Las etapas de la legitimación de capitales 21

Primera etapa: Colocación..22

Segunda etapa: Diversificación 23

Tercera etapa: Integración 26

El fraude 28

Teorías del fraude 29

Las características del fraude..32

El financiamiento al terrorismo 33

Fuentes de financiamiento al terrorismo...36

Corrupción...39

Otros delitos que requieren investigación financiera..............................46

Otros procesos judiciales que requieren investigación financiera 46

La privación o extinción de dominio como estrategia de persecución de bienes ilícitos......46

CAPITULO II...49

La auditoría forense como herramienta de la investigación financiera...............49

¿Quién realiza la auditoría forense? 51

El perfil del auditor forense 52

La labor del auditor forense:...53

La visión preventiva de la auditoría forense 55

CAPITULO III 58

La investigación financiera..58

Objeto de la investigación financiera 60

Objeto n°1: Relación de transacciones y personas 60

Objeto n°2: Relación de personas y personas 63

Objeto n°3: Relación de personas y bienes. 63

Tipos de estudios para la investigación financiera 65

Estudio transaccional o estudio de origen y uso de recursos. 65

Estudio patrimonial 67

Análisis financiero..67

Técnicas de investigación financiera 68

Fases de la investigación financiera 72

CAPITULO IV **76**

La evidencia y la prueba..76

La Evidencia..76

Las características de la evidencia en la auditoría forense................................77

Tipos de evidencia..78

La prueba..81

Principios de las pruebas 81

Fuentes para la recopilación de evidencias..82

CAPITULO V **89**

Análisis de efectivo (Cash Flow)..95

Análisis de Razones Financieras 99

CAPITILO VI..**105**

El informe del auditor forense 105

Bibliografía..118

Bibliografía electrónica 120

Introducción

En los últimos años los crímenes financieros han aumentado exponencialmente; y es que la avaricia del ser humano lo ha llevado a la búsqueda de las mieles del dinero fácil, de cualquier forma.

Los delitos, que mayormente, saturan los juzgados y las fiscalías especializadas son aquellos cuyas ganancias económicas son más atractivas. El narcotráfico, encabeza esta lista, seguido por la corrupción, el fraude, la estafa, el robo de vehículos, la evasión fiscal, el sicariato y sin dejar de lado el creciente secuestro extorsivo.

Todas estas ganancias provenientes de delitos, ingresa necesariamente al torrente financiero de un país mezclándose con dineros limpios y afectando las finanzas de cada nación, nos referimos a la Legitimación de Capitales. Delito que tiene sus orígenes más arraigados durante la primera mitad del siglo XX, en los Estados Unidos, en la época de los gánsteres y la llamada Ley seca.

Es así como, en Chicago, para el año 1920, se desató un grupo de mafiosos norteamericanos como Meyer Lanski y sus negocios ilegales de juegos de azar, Charles "Lucky" Luciano gran traficante de heroína y conocido como el padre del Crimen Organizado y Alphonse Gabriel Capone, más conocido como Al Capone, con su recordado negocio del contrabando de licor durante la Ley Seca. Las ganancias de dichas actividades eran mezcladas con los dineros de una cadena de lavanderías de su propiedad, siendo esto el origen del término "lavado de dinero" o "Money Laundering" en Estados Unidos, y que en nuestras latitudes se consignaba como "Lavado de Dólares" por su relación con los delitos cometidos en los Estados Unidos y su moneda.

Posteriormente, se da una evolución del acto criminal y con él, su definición a sufrido diversos cambios, "Lavado de Dinero" ya que no solo se obtenían ganancias en Dólares, "Lavado de Activos" al considerarse luego que no solo el dinero era medio de pago y que el proceso de Lavado iba más allá que solo las monedas y billetes, "Legitimación de Capitales" con el fin de considerar todo tipo de capital generado por el acto delictivo y que, además, el proceso no era

Lavar sino dar apariencia de Legitimidad a dichos fondos. Otros términos son Blanqueo de Capitales utilizado principalmente en España y Blanqueo de Dinero utilizado en Colombia.

Aún y cuando no todos los fondos ilícitos son perseguidos por Lavado de Activos, según las definiciones internacionales, podemos deducir que una vez obtenidas estas ganancias cualquier acto que se realicen con las mismas se enmarca dentro del concepto de este delito; situación que analizaremos en este libro.

Ante esta situación, los países han desarrollado e implementado diversas herramientas dirigidas a la persecución de dineros de fuentes ilícitas con el fin de afectar a las organizaciones criminales donde más lo recienten, es decir en su patrimonio, basado en 4 pilares fundamentales:

1. Una base jurídica robusta que permita la persecución de delitos financieros y el uso de diversas técnicas de investigación. Junto a ello el uso de las figuras de Incautación y Decomiso de los bienes propiedad de las organizaciones delincuenciales. Diversas figuras de Decomiso sin condena como la extinción, privación o pérdida del dominio de los bienes a favor del estado cuando los mismos no poseen una fuente lícita o justificada.

2. Acceso a la información: la investigación financiera requiere de acceso irrestricto a la información financiera de los sujetos investigados, bases de datos de información personal y patrimonial que permita el rastreo de capitales ilícitos.

3. Uso de tecnología de última generación que permita el procesamiento óptimo de la información obtenida durante el proceso de recaudación de evidencias, y análisis de datos para inteligencia estratégica.

4. Uso de las figuras de Cooperación internacional: la persecución del crimen organizado trasnacional necesita de la ayuda de todos los países involucrados, el uso de herramientas como los Memorando de Entendimiento, Cartas Rogatorias y redes de inteligencia como Grupo Egmond, la Red de Recuperación de Activos de GAFILAT, Interpol, Europol, entre otras, es vital para ubicación de bienes y operaciones ilícitas que trascienden las fronteras de los países.

El éxito de los procesos judiciales contra delitos financieros, se basa en una adecuada investigación financiera, que permita la recopilación de pruebas suficientes y apropiadas para la confirmación de los supuestos hechos plateados en las acusaciones.

En el presente libro analizaremos algunos de los delitos generadores de ganancias ilícitas, sus características y el aporte de la investigación financiera para el combate de estos flagelos

.

CAPITULO I

Los delitos financieros

Una enorme gama de delitos se encuentra contemplados en los diversos códigos penales de los países, pero existe un grupo selecto de delitos cuya comisión tienen por objeto el enriquecimiento de los autores, es decir la remuneración económica de dichos actos. A estos delitos los podemos enmarcar como delitos financieros.

Si analizamos detenidamente los delitos financieros encontramos que los mismos se pueden situar en dos amplios escenarios.

El primer escenario lo podemos llamar microeconómico o delitos contra los individuos. Aquí podemos mencionar delitos como fraudes, estafas, falsificación de moneda, bancarrotas fraudulentas, fraudes electrónicos, desfalco, fraudes corporativos, sicariato, robo de vehículos, fraudes con tarjetas de crédito etc, es decir son delitos que afecta de forma individual a una persona, institución, empresa o grupos de personas.

El segundo escenario lo podemos denominar macroeconómicos o delitos contra el estado, en este grupo debemos colocar aquellos delitos en los cuales se pone en riesgo a toda la población o al estado en general, como la Corrupción, la Legitimación de Capitales, el Financiamiento al Terrorismo, la Evasión y Defraudación Fiscal, el contrabando, el narcotráfico, la trata de personas en sus diferentes espectros, el tráfico de órganos, el tráfico de armas y la estafa contra los bienes del estado.

Para la policía internacional más conocida como INTERPOL, "La delincuencia financiera supone una amenaza para las personas en todos los aspectos de sus vidas: en sus casas, en el trabajo, en línea y fuera de ella." Lo que expone que los delitos financieros se desarrollan en todos los ámbitos de la sociedad.

Según este cuerpo policial la problemática de los delitos financieros:

"Robo, fraude, engaño, chantaje, corrupción, blanqueo de capitales... Las posibilidades para obtener dinero de forma ilícita son interminables. Para los denominados delincuentes de cuello blanco los riesgos no son elevados, pero los beneficios sí.

La delincuencia financiera abarca desde el simple robo o fraude cometido por personas malintencionadas hasta operaciones a gran escala orquestadas por grupos delictivos organizados con tentáculos en todos los continentes. Se trata de actividades delictivas graves cuya importancia no debería minimizarse pues, más allá del impacto social y económico, por lo general están estrechamente vinculadas con la delincuencia violenta e incluso el terrorismo.

La delincuencia financiera nos afecta a todos. Esta modalidad delictiva ha adquirido una dimensión totalmente nueva gracias al rápido avance de la tecnología digital.

Las bandas delictivas operan a nivel transnacional a fin de evitar ser detectadas, y los fondos robados atraviesan muchas fronteras físicas y virtuales antes de llegar a su destino final. Es aquí donde nuestras redes policiales mundiales desempeñan un papel esencial." [1]

Por su parte, y con una visión más empresarial la firma Deloitte en su artículo electrónico denominado Perspectivas, Delitos Financieros, Guía Rápida, advierte que *"El delito financiero es un problema que exige a los directores corporativos y los ejecutivos de alto nivel, permanecer alertas, pues los riesgos reales de soborno y fraude que enfrentan continúan en aumento de manera acelerada.* [2] De ahí que anteriormente, distinguíamos entre los delitos microeconómicos y los delitos macroeconómicos. Todas las actividades económicas de la sociedad son susceptibles a ser víctima o victimarios de delitos financieros.

Para Miranda Gallino (1970) el delito Financiero "es la conducta punible que produce una ruptura en el equilibrio que debe existir para el normal desarrollo de las etapas del hecho económico; o bien, la conducta punible que atenta contra la integridad de las relaciones económicas públicas, privadas o mixtas, y que, como consecuencia, ocasionan daño al orden que rige la actividad económica o provoca una situación de la que puede surgir este daño" [3]

---

[1] https://www.interpol.int/es/Delitos/Delincuencia-financiera

[2] https://www2.deloitte.com/pa/es/pages/finance/articles/financialcrimes-pma-finance.html

[3] 1 Miranda Gallino, Rafael. - Delitos contra el orden económico., - Editorial Pannedille 1970. Pag. 17

Para la persecución de fondos de origen ilícito

Antes de iniciar con la investigación es necesario conocer más sobre estos delitos, conceptos, modalidades, relación con otros delitos, forma de ejecución entre otros aspectos, asimismo analizaremos algunas figuras utilizadas por las legislaciones para la persecución de bienes provenientes de estas actividades ilícitas.

Teorías sobre las causas del delito

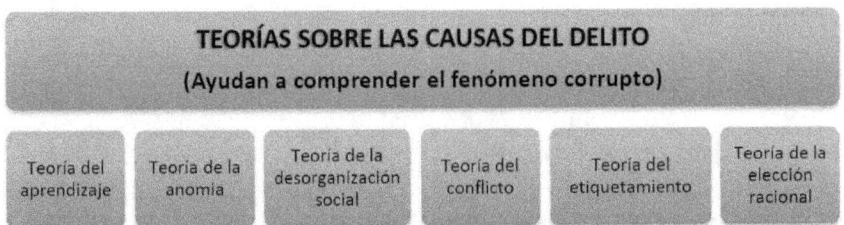

*Esquema extraído de Curso en prevención y gestión de riesgos de corrupción para el sector público en américa latina- Módulo 1 Corrupción, Desarrollo Humano y Gobernabilidad Democrática. PNUD- 2013

Teoría del aprendizaje

El primero en desarrollar esta teoría fue Edwin Sutherland (1947) en su teoría de la asociación diferencial sobre el comportamiento criminal. Buscó explicar cómo la edad, el sexo, los ingresos y las ubicaciones sociales se relacionaban con la adquisición de conductas delictivas. Presentó su teoría como nueve proposiciones separadas, pero relacionadas, que fueron[4]:

1. Se aprende la conducta delictiva.
2. La conducta delictiva se aprende en interacción con otras personas en un proceso de comunicación.
3. La parte principal del aprendizaje de la conducta delictiva ocurre dentro de grupos personales íntimos.
4. Cuando se aprende la conducta delictiva, el aprendizaje incluye: a) técnicas de cometer el delito, que a veces son muy complicadas, a veces muy simples; b) la dirección específica de los motivos, impulsiones, racionalizaciones y actitudes.

---

[4] Sutherland, E.H. (1947). Criminología (4ª ed.). Filadelfia, PA: Lippincott.

5. Las direcciones específicas de los motivos e impulsiones se aprenden de las definiciones de los códigos legales como favorables o desfavorables. En algunas sociedades, un individuo está rodeado de personas que invariablemente definen los códigos legales como reglas a observar, mientras que en otras está rodeado de una persona cuyas definiciones son favorables a la violación de los códigos legales.
6. Una persona se vuelve delincuente por un exceso de definiciones favorables a la violación de la ley sobre las definiciones desfavorables a la violación de la ley. Este es el principio de asociación diferencial.
7. Las asociaciones diferenciales pueden variar en frecuencia, duración, prioridad e intensidad. Esto significa que las asociaciones con la conducta delictiva y también las asociaciones con la conducta anticriminal varían en esos aspectos.
8. El proceso de aprendizaje de la conducta delictiva por asociación con patrones delictivos y antipenales involucra todos los mecanismos que intervienen en cualquier otro aprendizaje.
9. Si bien la conducta delictiva es una expresión de necesidades y valores generales, no se explica por esas necesidades y valores generales, ya que la conducta no delictiva es una expresión de las mismas necesidades y valores.

Posteriormente este modelo fue mejorado por Ronald Akers (1994) argumentando que "los seres humanos podrían aprender observando cómo otras personas son recompensadas y castigadas. Así, algunas personas pueden imitar el comportamiento de otras personas, especialmente si ese comportamiento fue recompensado o no castigado."[5]

Teoría de la anomia

Émile Durkheim, sociólogo francés (París, 1858-1917), es considerado uno de los padres de la sociología como disciplina académica a finales del siglo XIX. Durheim utilizó el concepto de anomia para describir cómo la falta de reglas "hace inestables las relaciones del grupo, impidiendo su cordial integración" (La división del trabajo en la sociedad, 1893) y, más adelante, en su estudio sobre el suicidio (1897) lo identifica como uno de los factores específicos que afectan a esta conducta.[6]

---

[5] Introducción al sistema de justicia penal estadounidense (Burke et al.)

"A este estado de anomia deben atribuirse, ..., los conflictos que renacen sin cesar y los desórdenes de todas clases cuyo triste espectáculo nos da el mundo económico. Pues como nada contiene a las fuerzas en presencia y no se les asignan límites que estén obligados a respetar, tienden a desenvolverse sin limitación y vienen a chocar unas con otras para rechazarse y reducirse mutuamente."

Esta teoría se basa en que los actos delictivos son propios de la estructura social, es decir, la conducta delictiva se produce como resultado de la violación de normas debido a las inconsistencias/tensiones en la estructura sociocultural en que tienen que vivir los sujetos. La tensión social se produce debido a que el individuo vive en una estructura social sin normas y valores éticos que le resulten útiles para regular y guiar su comportamiento.

Teoría de la desorganización social

Surgida de los sociólogos de la Universidad de Chicago, postula que la desviación (el delito) es un subproducto natural dentro de un cambio social rápido. Esta explicación considera la sociedad como una colectividad de personas vinculadas entre sí por una serie interrelacionada de normas sociales asimiladas a través del proceso de socialización, y que les sirven como guía para la acción. En un contexto de cambio se produce una ruptura del orden social normativo y socialmente establecido, surgiendo los comportamientos corruptos ya que los individuos no se sienten con controles internos y externos que les ayuden a regular su comportamiento.[7]

Teorías del conflicto

(Coser, Dahrendorf, Vold, Nash) suponen que el conflicto es consustancial a la vida en sociedad y un elemento vital para la mantención y desarrollo de la misma. Alejándose de las ideas funcionalistas clásicas sobre la armonía social, verifican que la vida social es un campo de

---

[6] Iberofórum. Revista de Ciencias Sociales de la Universidad Iberoamericana. Año IV, No 8. Julio-Diciembre 2009. María del Pilar López Fernández, pp. 130-147. Universidad Iberoamericana A.C., Ciudad de México. www.uia/iberoforum

[7] PNUD- Curso en prevención y gestión de riesgos de corrupción para el sector público en américa latina- Módulo 1 Corrupción, Desarrollo Humano y Gobernabilidad Democrática. – 2013 página 17

oposiciones, inestabilidad y conflictos. La explicación del delito como el resultado de luchas concretas de intereses dio otra perspectiva para su análisis, y promovió el estudio de las relaciones de poder y el papel que juega, entre otros, el derecho penal en la mantención y modificaciones de dichas relaciones. [8]

Teoría del etiquetamiento (Goffman) parte del supuesto de que el individuo es considerado delincuente cuando los demás lo consideran (etiquetan) como tal. Así, la desviación no es una cualidad del acto delictivo cometido por una persona, sino que la consecuencia de la aplicación de las normas y sanciones a una persona caracterizada como "delincuente" por parte de los otros. El desviado es una persona que ha sido etiquetada como tal. [9]

Los delitos financieros

Legitimación de capitales.

Este delito es conocido con diversas acepciones según el país o la región donde se trate.

Lavado de dinero, lavado de dólares, lavado de activos. Blanqueo de capitales, blanqueo de activos, legitimación de capitales entre otras.

De igual forma podríamos dar muchas definiciones respecto al concepto de la Legitimación de Capitales, tantas como autores del tema hay. A pesar de ello existen estándares establecidos por Organismos Internacionales especializados en la lucha contra este flagelo, que definen claramente el concepto de este delito.

Generalmente, encontraremos dichas definiciones en la tipificación jurídica del delito. Es así como para las Naciones Unidas, la Legitimación de Capitales, se define en al menos dos de sus convenciones:

---

[8] PNUD- Curso en prevención y gestión de riesgos de corrupción para el sector público en américa latina- Módulo 1 Corrupción, Desarrollo Humano y Gobernabilidad Democrática. – 2013 página 17

[9] PNUD- Curso en prevención y gestión de riesgos de corrupción para el sector público en américa latina- Módulo 1 Corrupción, Desarrollo Humano y Gobernabilidad Democrática. – 2013 página 18

1. Convención de las Naciones Unidas contra el Tráfico Ilícito de Estupefacientes y Sustancias Sicotrópicas, 1988.

[...]

"i) La conversión o la transferencia de bienes a sabiendas de que tales bienes proceden de alguno o algunos de los delitos tipificados de conformidad con el inciso a) del presente párrafo, o de un acto de participación en tal delito o delitos, con objeto de ocultar o encubrir el origen ilícito de los bienes o de ayudar a cualquier persona que participe en la comisión de tal delito o delitos a eludir las consecuencias jurídicas de sus acciones;

ii) La ocultación o el encubrimiento de la naturaleza, el origen, la ubicación, el destino, el movimiento o la propiedad reales de bienes, o de derechos relativos a tales bienes, a sabiendas de que proceden de alguno o algunos de los delitos tipificados de conformidad con el inciso a) del presente párrafo o de un acto de participación en tal delito o delitos;"

2. Convención de las Naciones Unidas contra la Delincuencia Organizada Transnacional, 2000:

"i) La conversión o la transferencia de bienes, a sabiendas de que esos bienes son producto del delito, con el propósito de ocultar o disimular el origen ilícito de los bienes o ayudar a cualquier persona involucrada en la comisión del delito determinante a eludir las consecuencias jurídicas de sus actos;

ii) La ocultación o disimulación de la verdadera naturaleza, origen, ubicación, disposición, movimiento o propiedad de bienes o del legítimo derecho a éstos, a sabiendas de que dichos bienes son producto del delito;"

[...]"

En estas dos definiciones podemos encontrar el uso de diversos verbos rectores tales como convertir, transferir, ocultar, encubrir todo referente a los activos o capitales provenientes de delitos tipificados en cada una de dichas convenciones. Así como la obligatoriedad de la existencia del Dolo como característica de la acción delictiva

Por su parte el Convenio del Consejo de Europa relativo al blanqueo, seguimiento, embargo y decomiso de los productos del delito, 1990, establece:

"a) La conversión o transmisión de bienes sabiendo que se trata de un producto, con el fin de ocultar o disimular la procedencia ilícita de esos bienes o de ayudar a una persona involucrada en la comisión del delito principal a eludir las consecuencias jurídicas de sus actos;

b) La ocultación o simulación de la verdadera naturaleza, origen, localización, disposición, movimiento, derechos relativos a los bienes o propiedad sobre los mismos, sabiendo que dichos bienes son productos; y con sujeción a sus principios constitucionales y a los conceptos básicos de su ordenamiento jurídico; "

Al igual que las definiciones dadas por las Naciones Unidas, el Consejo Europeo adopta este conjunto de términos para las Convenciones de sus países miembros.

Es importante indicar, además, que la mayoría de los países comprometidos en esta lucha han acogido estas convenciones como base de sus legislaciones nacionales.

Pero... ¿De dónde provienen los fondos ilícitos a los que se refieren las definiciones anteriores?

Como vemos en las definiciones anteriores, se indica que son fondos o bienes producto de actividades ilícitas que de igual forma son delimitadas por los mismos estándares internacionales:

Es así como las Naciones Unidas establecen:

"b) Cada Estado Parte incluirá como delitos determinantes todos los delitos graves [...]

Por "delito grave" se entenderá la conducta que constituya un delito punible con una privación de libertad máxima de al menos cuatro años o con una pena más grave; ..."

De igual forma la Recomendación número 1 del GAFI estable al respecto:

Para la persecución de fondos de origen ilícito

"Los países deberían aplicar el delito de Lavado de Activos a todos los delitos graves a los efectos de incluir la gama más amplia de delitos subyacentes."

Por esta razón podemos afirmar que, todo delito que su comisión genere una retribución económica al delincuente debería ser considerado un delito precedente para la Legitimación de Capitales, esto sin perjuicio de lo establecido en los estándares internacionales.

Siendo así, podemos establecer, que la legitimación de capitales es el "delito financiero por excelencia" ya que existe para complementar los demás delitos de esta misma índole. Luego de la comisión un acto ilícito cuyo fin sea la generación de dinero, necesita del Lavado de Activos para ocultar su rastro y poder disfrutar sus ganancias.

¿Entonces cuales características deben tener los delitos precedentes del Lavado de Activos?

Tal y como lo establecen las convenciones y recomendaciones internacionales antes vistas, los delitos precedentes deben ser conductas típicas, antijurídicas y culpables, cuyo fin sea el enriquecimiento del actor, y en el caso de algunos países donde no se establece el "auto-lavado" como delito independiente, deben ser actos cometidos por un tercero distinto a quien realiza el proceso de lavado.

Las etapas de la legitimación de capitales

Al ser la Legitimación de Capitales un proceso, está compuesto por etapas las cuales tienen la clara intención de generar una gran cantidad de huellas falsas que separen los fondos de su origen ilícito y al criminal de su crimen.

Este es el verdadero fin del "Lavador", crear una seria de innumerables huellas documentales falsas, pero aparentemente lícitas que dificulten con cada una de ellas la unión de los fondos con su delito generador.

Vamos a analizar una a una estas etapas en forma detallada, con el fin de poder identificarlas en los procesos de investigación que veremos más adelante.

Primera etapa: *Colocación*

Luego de la comisión del delito previo, el delincuente recibirá las ganancias generadas por dicho acto y será ahí donde se inicia el proceso de "Lavado". El delincuente tomará la decisión de entregar sus ganancias a un "Lavador profesional" o "lavar sus propias ganancias".

Es a partir de este momento que el lavador tendrá un objetivo vital, separar el dinero del delito, y para ello deberá iniciar el proceso de introducir los fondos en el torrente financiero de un país.

En esta etapa los fondos se caracterizarán por tener impregnados la huella del delito, monedas y billetes serán su forma y la estructuración será el medio de colocación.

Imaginemos, en este momento, que un delincuente que vendió 1.5 kilogramos de cocaína y que por dicha venta recibió US $25,000.00, este monto será necesariamente cancelado en efectivo, o con otros activos, como armas, vehículos o propiedades, aunque estas últimas formas de pago son las menos comunes.

Si el pago fue realizado en efectivo, el delincuente intentará, cuanto antes, deshacerse de ese dinero físico, ya que corre el riesgo de ser "tumbado" por otros delincuentes o arrestado por los cuerpos policiales con la evidencia en sus manos.

El lavador, para evitar las sospechas, intentará colocar estos fondos poco a poco utilizando la tipología del "pitufeo" o "smurfing", conocida también como estructuración, la cual consiste en realizar gran cantidad de depósitos, normalmente por debajo del monto de reporte (a nivel internacional se ha mantenido un estándar de US $10,000.00) y distribuido en diversas cuentas de distintas instituciones. Durante esta operación es común el reclutamiento de muchas personas (llamados Pitufos), los cuales ganan una llamativa comisión por la realización de estos depósitos.

Mientras el proceso de "smurfing" es concluido, el lavador necesitará almacenar el dinero de forma temporal ya sea en caletas (escondites secretos) en sus casas o vehículo, o cajitas de seguridad las cuales les proporciona mayor protección y menor riesgo.

Durante los procesos de investigación es de vital importancia identificar aquellas transacciones que se hayan realizado con dinero físico y los medios por los cuales se introdujo este, así como las personas que colaboraron en el proceso.

Colocación por medio de terceros de buena fe.

Esta técnica, aunque menos común, es también utilizada por los criminales con el fin de no ser identificados en las instituciones financieras, para ello realizan la compra de bienes inmuebles, en efectivo, a terceros de buena fe, los cuales, al depositar los fondos de las compras, demostraran su origen con los documentos de la venta de dicho bien. Es común observar, que estas compras son realizadas con sobreprecio al valor real de la propiedad adquirida, la cual será vendida, posteriormente, en un precio igual o inferior con el fin de transformar y respaldar los fondos ilícitos.

Otra tipología empleada en esta etapa es la construcción de inmuebles utilizando grandes sumas de dinero para pagos de planillas, materiales y maquinaria, así la empresa desarrolladora construye un complejo habitacional de bajo costo que posteriormente es vendido al Estado para bien social y cuya recuperación se realiza por medio de bonos de ayuda.

Se han observado no pocos casos relacionados con compras de loterías y juegos de azar, en los que, el "lavador de dinero", compra fracciones de lotería premiadas a sus verdaderos beneficiarios, posteriormente presentará todas las fracciones a la agencia bancaria o ente de loterías para que sean depositados en sus cuentas deshaciéndose del dinero ilícito y transformándolo en un cheque o transferencia bancaria debidamente justificada.

Segunda etapa: Diversificación

Una vez que el dinero es colocado en las instituciones financieras el lavador iniciará la segunda etapa de la Legitimación: La Diversificación.

Esta etapa se le conoce con diversos nombres tales como, diversificación, estructuración, estratificación, transformación, camuflaje, ocultamiento, encubrimiento, movilización, entre muchos otros.

Tal y como sus diversos nombres lo sugieren, el lavador, durante esta etapa, intentará realizar una gran cantidad de transacciones y movimientos que generen una extensa y compleja ruta del dinero, con el fin de dificultar su rastro y con ello alejar aún más al dinero de su origen ilícito.

La realización de este sinnúmero de operaciones complejas, darán al delincuente una serie de documentos que darán apariencia de licitud a los fondos transados. Es por esta razón que cualquier transacción realizada, cualquier documento, cualquier pista de auditoría, debe ser considerada y revisada durante el proceso de investigación, sin obviar ningún indicio.

Es así como en esta etapa podemos analizar las siguiente Tipologías del Lavado:

Adquisición y liquidación anticipada de Certificados de Inversión con distintas instituciones emisoras y puestos de bolsa.

Con este método, el lavador, utilizará el dinero colocado durante la primera etapa y lo convertirá en diversos certificados de inversión, los cuales serán liquidados por medio de puestos de bolsa, en forma anticipada, quienes a su vez girarán un cheque por esta liquidación, con estos fondos se crearán nuevos certificados creando una cadena de respaldos documentales.

Al ser documentos endosables y negociables en mercados formales, permiten el ocultamiento del primer propietario de los fondos alejando el dinero del delincuente.

Operaciones de Crédito y Operaciones Back to Back

A la formalización de operaciones de crédito garantizadas con certificados de inversión, se les llama, operaciones Back to Back.

Estas operaciones y cualquier otra operación de crédito son utilizadas para justificar el depósito de fuertes sumas o transferencias interbancarias en otras instituciones, respaldando su origen con los contratos crediticios y respaldo de los desembolsos.

Pongamos un ejemplo: el Banco A aprobó una operación de crédito back to back, por US $100,000.00 a un individuo que recientemente había adquirido un certificado de inversión del Banco B por el mismo monto. Al momento de girar los fondos del crédito concedido, el Banco A entregó a su cliente, copia del contrato del crédito, así como un cheque por el monto girado.

Con copias de estos documentos, el individuo visitará otras 10 instituciones financieras con el fin de realizar depósitos por la misma cuantía, situación que logrará fácilmente al tener el respaldo necesario. Con solo esta maniobra colocará US $1 millón de dólares de dinero ilícito. Posteriormente el crédito será cancelado en forma anticipada o bien no será cancelado, lo que obligaría al banco a aplicar la garantía.

Operaciones Carrusel con transferencias internacionales o remesas de un país a otro.

La movilización de fondos de un país a otro, es el método más utilizado en esta etapa, los fondos colocados en las cuentas bancarias serán enviados, por la magia de la tecnología, con un solo click, de un país a otro y de ese a otro más y a cuantos otros deseen los delincuentes.

La gran cantidad de destinos y orígenes, hacen la función investigativa compleja y en muchas ocasiones infructuosa, pero no imposible.

Es importante conocer cómo funciona el mercado de remesas y el servicio de transferencia internacionales, para identificar posibles movimientos inusuales.

Un ejemplo claro es el caso de un individuo que, utilizado una empresa de Remesas en El Salvador, recibe varios millones de dólares desde los Estados Unidos, situación usual entre ambos países ya que, es bien sabido que hay una gran cantidad de migrantes salvadoreños en los Estados Unidos que envían dinero a sus familias. La situación cambia cuantos estos fondos son enviados, posteriormente, hacia Costa Rica, ya que no existe relación migratoria importante de Costa Rica hacia El Salvador, y por último y más relevante es el envió millonario de fondos desde Costa Rica hacia los Estados Unidos, situación considerada sumamente atípica. Esta operación se mantuvo por varios años realizando más de 16,000 operaciones mediante el uso de nombres falsos e identificaciones falsas.

Compra y Venta de bienes muebles e inmuebles

Utilizando el dinero colocado en el sistema financiera, será común la compra de bienes muebles e inmuebles durante esta etapa.

"El lavador" realizará constantes compras de bienes con el fin de revenderlos posteriormente y crear una apariencia de legalidad a su giro comercial, con lo cual conseguirá la mayor cantidad de respaldos documentales que garanticen el éxito de su misión.

Otro método utilizado es el desarrollo de unidades inmobiliarias las cuales serán posteriormente vendidas a un Fondo Inmobiliario, a nuevos inversionistas o a pequeños compradores legítimos o testaferros de los mismos desarrolladores para aparentar dichas ventas.

Operaciones de Comercio Internacional con documentación falsa o mercancías alteradas o sobre valuadas.

Otra tipología utilizada por la delincuencia es el comercio internacional de mercancías con el fin de crear los motivos suficientes para la movilización de fondos extra fronterizos.

• La utilización de documentos falsos de exportación que darán el respaldo a cientos de transferencias internacionales que serán recibidas como pago de dichas exportaciones.
• La declaración de mercancías de alta cuantía, que son sustituidas por chatarra o mercancía barata dando al delincuente el margen necesario para la recepción de fondos por concepto de estos pagos.

Es aquí donde el investigador debe tener la pericia necesaria para conocer los tipos de productos comercializados, así como su precio, cantidad, peso y demás características para poder determinar si hay relación entre los datos declarados y los fondos transados.

También se debe considerar otras características como, existencia del producto, mercado para estos productos, industrias pares en el país entre otras.

Tercera etapa: Integración

A esta etapa se le llama la etapa de la riqueza, es el momento en el cual "el lavador" disfruta las ganancias de su delito al haber logrado mediante las dos etapas anteriores crear toda la estructura necesaria para separar el dinero del delito e integrarlo en la economía de un país.

Es, en este momento, cuando las organizaciones criminales adquieren negocios lícitos los cuales serán utilizados para mezclar los fondos ilícitos dentro de la actividad legal del negocio.

Es común, observar la compra de activos de muy alto valor adquisitivo como joyas, vehículos de lujo, grandes mansiones, obras de arte, entre otros.

La dificultad para identificar las actividades ilícitas durante esta etapa es mayor, ya que entran en juego nuevos actores, tanto físicos como jurídicos, así como una apariencia de poder económico que se confunde con los verdaderos millonarios, esta situación provoca que los sistemas preventivos bajen la guardia al sentir confianza por la diversa cantidad de negocios en marcha que pueden ser claramente verificados.

Entre las tipologías más utilizadas están:

Compra de empresas con problemas financieros o establecimiento de negocios con importantes inversiones iniciales

Las organizaciones criminales comprarán empresas con una actividad económica real, aún cuando estas se encuentran con problemas financieros, invirtiendo importantes sumas de dinero para rehabilitarlas y continuar con el giro de la mismas, estas serán empresas dedicadas a movilizar los fondos ilícitos.

Igual sucede con nuevos inversionistas que, establecen negocios nuevos con fuertes infraestructuras y mucha liquidez para invertir. En la mayoría de los casos los inversionistas no aparecen en las nuevas estructuras accionarias, ni en la representación de las sociedades, utilizando para ello testaferros que serán sus administradores. Es común encontrar que, estos nuevos inversionistas son totalmente desconocedores de los negocios que asumen, o totalmente desconocidos del medio empresarial. Así como que establecen estas actividades comerciales en zonas no tradicionales para su desarrollo.

Por ejemplo:

– Empresarios desconocidos que invierten en organizaciones deportivas y que nunca fueron identificados como conocedores o seguidores de los deportes.

– Establecimiento de una empresa dedicada al cultivo de fresas en zonas cálidas.

– Constitución de una Cooperativa de pescadores, ubicada en zonas internas del país.

– Empresas que reflejan pérdidas importantes y alto nivel de endeudamiento en los períodos inmediatamente anteriores y que son adquiridas por inversionistas que en poco tiempo sanan las finanzas de la empresa.

El fraude

Podemos definir el fraude como el acto intencional, por parte de uno o más individuos, con el fin de procurar u obtener un beneficio patrimonial para sí o para un tercero, modificando, o influyendo en un resultado esperado. O que perjudique a un tercero en su favor entregando resultados distintos a los ofrecidos ya sea en cantidad o calidad.

Según The institute of internal auditors[10] el Fraude es "Cualquier acto ilegal caracterizado por el engaño, el ocultamiento o la violación de la confianza. Los fraudes son perpetrados por individuos y organizaciones para:

•Obtener dinero, propiedades o servicios

•Evitar pagos o pérdida de servicios

•Asegurar una ventaja personal o del negocio"

Por su parte la ACFE (Asociación de Investigadores de Fraude Certificados), establece que el Fraude es *"En el sentido más amplio, el fraude puede abarcar cualquier delito que utiliza el engaño como su principal operandus operandi para aumentar su patrimonio. Más específicamente, el fraude se define como una tergiversación del conocimiento de la verdad o la ocultación."[11]*

---

[10] https://na.theiia.org/standards-guidance/topics/Pages/Fraud.aspx

[11] http://www.acfe.com/

Según las Normas Internacionales de Auditoría y Control de Calidad (NIAS)2010, el fraude es *"Un acto intencional de una o más personas de la administración, encargados del gobierno corporativo, empleados o terceros, que implica el uso de engaño para obtener una ventaja injusta o ilegal."*

Es por esta razón que las normas internacionales establecen, para las auditorias financieras, que el auditor obtenga una seguridad razonable sobre si los estados financieros en su conjunto, están libres de errores materiales, por fraude o error humano no intencional.

Lo anterior ante la necesidad de identificar la intencionalidad del acto generador del error sobre dichos estados financieros. El fraude es un acto consiente, mientras que el error no es intencional.

La Asociación de Examinadores Certificados de Fraude -ACFE- por sus siglas inglés, publicó el Occupational Fraud 2022: A Report to the nations con base en 2110 casos de fraude distribuidos en 133 países. El cual arrojó datos alarmantes de pérdidas para las empresas con más de USD$3,6 billones de dólares anuales. Lo cual representa un 5% de los ingresos anuales generados.

Otros datos generados en este estudio nos muestran que en promedio cada caso de fraude fue alrededor de USD$117 mil dólares, con una pérdida media por empresa de USD$1,7 millones de dólares.

Llama la atención que estos fraudes en un 23% de los casos, fueron causados por los dueños o altos ejecutivos de la misma empresa causando el mayor promedio de perdidas, seguidos por la línea gerencial y por último la línea obrera.

El análisis por departamentos indicó que el área de operaciones participó en 15% de los casos y el área contable en el 12%.

Adicionalmente se debe tomar en cuenta los fraudes a personas individuales que son engañadas por criminales, robando sus bienes y aumentando el patrimonio del delincuente.

Teorías del fraude

Durante años se han desarrollado diversas teorías que explican el fenómeno de este delito entre las que podemos mencionar a:

Edwin SUTHERLAND con su teoría de la Asociación Diferencial o de los contactos diferenciales que explica que una persona se vuelve delincuente o tendrá mayores posibilidades de delinquir cuando las actitudes positivas frente al comportamiento desviado superan cuantitativamente a los juicios negativos, esto es, porque ha aprendido a definir con más frecuencia una situación en términos de violación de la ley que en términos de respeto a la misma.[12]

Por su parte Donald R. Cressey estableció la Teoría de "la motivación delictiva" la cual explica que las personas en quienes se confía traicionan esa confianza cuando se ven a sí mismas con un problema financiero que no pueden compartir, adquieren conciencia de que dicho problema puede resolverse en secreto, violando la confianza en ellas depositada, siendo capaces, en tal situación, de encontrar las palabras que les permiten adecuar su concepción de sí mismas como depositarias de confianza a su concepción de sí mismas como usuarios de bienes o fondos confiados.

Otra de las teorías fue la establecida por E. Durkheim conocida como la Teoría de la Anonimia que explica que, si las aspiraciones de las personas están equilibradas por las oportunidades de que disponen para realizarlas, se produce un estado de satisfacción. Por el contrario, el delito se cultiva en el espacio existente entre aspiraciones y oportunidades. Si las primeras no pueden realizarse mediante oportunidades legitimas, se emplearan para ello métodos no convencionales.[13]

Para la ACFE, se puede determinar la Regla 10-80-10 la cual indica que el 10% de las personas son honestas y nunca cometerán un acto en contrario. El 80% de las personas dependerán del entorno para definir su nivel de honestidad, es decir son tan honestas como la situación lo permita y el 10% restante son personas totalmente deshonestas.

---

[12] Citado por Carlos Vásquez Gonzalez p.15- Teorías Criminológicas sobre Delincuencia Juvenil

[13] Citado por Geovani José Rodríguez p.23 Análisis, Detección y Prevención del Fraude en las empresas

Según Cressey, existen tres aspectos que se deben interrelacionar para que se produzca un fraude. Podemos presentar estos aspectos por medio de un triangulo conformado por la Oportunidad, La Presión o Incentivo y la Racionalización o Actitud.[14]

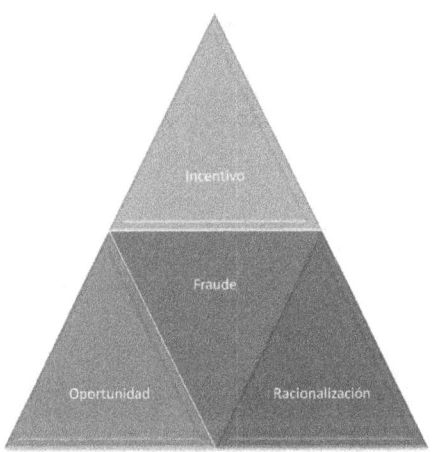

Podemos definir la Oportunidad como el entorno del individuo, por ejemplo, pocos o ausentes controles internos en una organización, concentración de poder en puestos de decisión, baja supervisión en puestos operativos de manejo de activos de alto valor, baja seguridad perimetral, escaso o nulo conocimiento de la víctima, ambición humana, exceso de confianza entre otros. Todas estas situaciones crean el ambiente idóneo para que el delincuente pueda realizar su fraude, por esta razón se le denomina Oportunidad.

La presión o incentivo, es la razón por la cual el criminal desea cometer el crimen para obtener ganancias, por ejemplo, la codicia, problemas económicos, presión del círculo social o familiares para mantener alto estatus económico, necesidad de cubrir una situación económica por salud o pérdidas.

Cuando hablamos de racionalización o actitud, es la justificación emocional que da un individuo que comete el fraude a su yo interior, por ejemplo, aquellos empleados que comenten un fraude pensando que es una compensación por el esfuerzo laboral que realiza y el bajo salario que

---

[14] Donald R. Cressey. Other People's Money: A Study in the Social Psychology of Embezzlement.

recibe. O el funcionario público comete fraude pensando que de por si todos en el gobierno roban.

Siendo así el fraude puede tener muchas manifestaciones tales como:

- Venta de Activos ficticios o falseados

- Pagos ilegales como sobresueldos, ampliaciones de contratos injustificados, sobreprecios en bienes y servicios, donaciones ilegales a campañas electorales etc.

- Uso indebido de fondos de terceros.

- Alteración de registros contables o presentación falsa de estados financieros.

- Entrega de productos o mercancías distintas o de menor calidad a las ofrecidas en la negociación.

- Manipulación o alteración de datos de los sistemas electrónicos, modificando los resultados esperados.

- Fraude Fiscal

- Evasión Fiscal

- Manipulación, falsificación o alteración de documentos, que cuyo acto beneficie al ejecutor.

- Quiebra por Fraude

Las características del fraude

- Es un delito no violento.

- Siempre procura el beneficio económico del Perpetrador.

- El fraude puede ser realizado por personas tanto dentro como fuera de una organización, por personas individuales o grupos organizados, puede ser realizado a personas tanto físicas como organizaciones.

– El fraude tiene un entono de actos ilegales e irregulares, cuyo medio es el engaño.

El financiamiento al terrorismo

Si bien no existe un consenso internacional respecto a la definición de Terrorismo, si existe que procuran que los países tipifiquen como delito el Financiamiento de actos Terroristas.

Es así como la Convenio Internacional para la represión de la financiación del Terrorismo del año 1999 establece en su artículo 2:

"Quien por el medio que fuere, directa o indirectamente, ilícita y deliberadamente, provea o recolecte fondos con la intención de que se utilicen o a sabiendas de que serán utilizados, en todo o en parte, para cometer:

a) Un acto que constituya un delito comprendido en el ámbito de uno de los tratados enumerados en el anexo y tal como esté definido en ese tratado;

b) Cualquier otro acto destinado a causar la muerte o lesiones corporales graves a un civil, o a cualquier otra persona que no participe directamente en las hostilidades en una situación de conflicto armado, cuando el propósito de dicho acto, por su contexto o naturaleza, sea intimidar a una población u obligar a un gobierno o a una organización internacional a realizar un acto o a abstenerse de hacerlo."

Es así como estos actos considerados terroristas necesitan, obligadamente, fondos y medios que financien la consecución de los mismos.

Las organizaciones consideradas terroristas, establecen estructuras paralelas dedicadas a la búsqueda de recursos económicos que les permitan la cobertura de los costos de sus operaciones, así como la compra de armas y artefactos de destrucción masiva para la perpetración de sus actos.

Para la Convención Internacional para la represión del Financiamiento al Terrorismo, A/RES/54/109 del año 2000, define como Fondos "los bienes de cualquier tipo, tangibles o intangibles, muebles o inmuebles, con independencia de cómo se hubieran obtenido, y los documentos o instrumentos legales, sea cual fuere su forma, incluida la forma electrónica o digital, que acrediten la propiedad u otros derechos sobre dichos bienes, incluidos, sin que la enumeración sea exhaustiva, créditos bancarios, cheques de viajero, cheques bancarios, giros, acciones, títulos, obligaciones, letras de cambio y cartas de crédito.

Por tanto, esta misma Convención define el delito de Financiamiento al Terrorismo como quien por el medio que fuere, directa o indirectamente, ilícita y deliberadamente, provea o recolecte fondos con la intención de que se utilicen, o a sabiendas de que serán utilizados, en todo o en parte, para cometer:

a) Un acto que constituya un delito comprendido en el ámbito de uno de los siguientes tratados

– Convenio para la represión del apoderamiento ilícito de aeronaves, firmado en La Haya el 16 de diciembre de 1970.

– Convenio para la represión de actos ilícitos contra la seguridad de la aviación civil, firmado en Montreal el 23 de septiembre de 1971.

– Convención sobre la prevención y el castigo de delitos contra personas internacionalmente protegidas, inclusive los agentes diplomáticos, aprobada por la Asamblea General de las Naciones Unidas el 14 de diciembre de 1973.

– Convención Internacional contra la toma de rehenes, aprobada por la Asamblea General de las Naciones Unidas el 17 de diciembre de 1979.

– Convención sobre la protección física de los materiales nucleares, aprobada en Viena el 3 de marzo de 1980.

– Protocolo para la represión de actos ilícitos de violencia en los aeropuertos que presten servicios a la aviación civil internacional, complementario del Convenio para la represión de actos ilícitos contra la seguridad de la aviación civil, firmado en Montreal el 24 de febrero de 1988.

– Convenio para la represión de actos ilícitos contra la seguridad de la navegación marítima, firmado en Roma el 10 de marzo de 1988.

– Protocolo para la represión de actos ilícitos contra la seguridad de las plataformas fijas emplazadas en la plataforma continental, hecho en Roma el 10 de marzo de 1988.

– Convenio Internacional para la represión de los atentados terroristas cometidos con bombas, aprobado por la Asamblea General de las Naciones Unidas el 15 de diciembre de 1997.

b) Cualquier otro acto destinado a causar la muerte o lesiones corporales graves a un civil o a cualquier otra persona que no participe directamente en las hostilidades en una situación de conflicto armado, cuando, el propósito de dicho acto, por su naturaleza o contexto, sea intimidar a una población u obligar a un gobierno o a una organización internacional a realizar un acto o a abstenerse de hacerlo.

Algunas particularidades a considerar en la persecución del Financiamiento al Terrorismo son:

– Componente doloso: El acto debe ser deliberado:

El perpetrador debe haber tenido o bien tener la intención de destinar los fondos a la financiación de actos de terrorismo, o bien el conocimiento de que los fondos se usarían para tal fin.

– Componente intencional: Solo la intención de la comisión del delito, aunque este no se comenta, debe ser penado.

No será necesario que los fondos se hayan usado efectivamente para cometer un delito o que el delito se haya perpetrado.

Es así como nuestra investigación financiera en casos de Financiamiento al Terrorismo deberá enfocarse en las personas u organizaciones que: Recolecten fondos con la intención de que se cometa un acto considerado Terrorista como, por ejemplo:

– La tentativa

– Que participe como cómplice en la comisión de un delito

– Que organice o dirija a otros a la comisión de un delito

‒ Que contribuya a la comisión de uno o más de los delitos por un grupo de personas que actúe con un propósito común.

‒ Que actúe con propósito de facilitar la actividad delictiva o fines delictivos del grupo

‒ Que actue con conocimiento de la intención del grupo de cometer un delito

Fuentes de financiamiento al terrorismo

Existen diversas fuentes que financian los actos terroristas, las cuales podemos dividir en dos.

‒ Las fuentes lícitas que financian actos ilícitos

‒ Las fuentes ilícitas que financian actos ilícitos

Se consideran fuentes lícitas que financian actos ilícitos a aquellas que provienen de fuentes legítimas pero que su uso o destino las convierte en dineros ilícitos. Por ejemplo, aquel empresario que dona parte de sus ganancias legítimas para financiar a una organización terrorista, Gobiernos que apoyan y financian grupos terroristas, o Organizaciones sin fines de lucro que recolectan fondos de sus donantes para luego financiar delitos.

Por su parte son más las fuentes ilícitas que financian actos ilícitos, como la extorción, el secuestro extorsivo, el cobro de peajes de guerra, y principalmente el narcotráfico.

Según el Departamento de Estado de los Estados Unidos de Norteamérica[15], algunos de los grupos terroristas que son financiados con fondos provenientes del narcotráfico son:

‒ FARC (Fuerzas Armadas Revolucionarias de Colombia)

‒ ELN (Ejército de Liberación Nacional- Colombia)

‒ AUC (Autodefensas Unidas de Colombia)

---

[15] http://www.state.gov/documents/organization/45323.pdf

- Sendero Luminoso, Perú

- Grupos islamistas tri-fronterizos (Argentina, Paraguay, Brasil)

- Al Qaeda (Global)

- PKK, Turquía

- Jihad Islámica, Palestina

- Movimiento Islámico de Uzbekistán

- Hezbolá, Líbano

- Abu Sayyaf, Filipinas

- LTTE, Sri Lanka

- ETA, España

- IRA Verdadero, Irlanda del Norte

- Grupos militantes de Cachemira, India/Pakistan

Es importante para los procesos de investigación considerar siempre las modalidades conocidas y utilizadas por los grupos criminales, algunas de ellas son:

El uso de instituciones de caridad y organizaciones sin fines de lucro tiene mucha importancia en el terrorismo islámico, por su naturaleza y función religiosa, en muchos casos sirven de bases logísticas o de centros ideológicos. Las contribuciones voluntarias de origen lícito llamadas ZADAKAT representas una importante fuente de financiación de grupos y organizaciones terroristas.

Las sumas recibidas por organismos caritativos o de agencias de money transfer, son utilizadas en menor medida en actividades humanitarias, y por la mayor parte para financiar el grupo terrorista y asistir a las familias de los mártires y de los otros terroristas.

Sistemas de envió alternativo de fondos

Los sistemas alternativos (informales) de envío de remesas se caracterizan por que su actividad principal no es la de remesas, a pesar de brindar dicho servicio.

Estos sistemas requieren de gran confianza de los usuarios por lo cual, generalmente, son sistemas propios de los grupos terroristas o controlados por ellos. Esta actividad se localiza principalmente en pequeños negocios como centros de llamadas, café internet, centros de cambio de moneda, o centros de juegos de monedas, creando redes de agentes y sub-agentes.

Esta situación limita los controles y las obligaciones de identificación, registro y monitorio de las operaciones.

La investigación financiera en este delito es aún más compleja ya que se pueden mezclar varias situaciones que encubran al grupo criminal tales como:

– Fondos de procedencia lícita.

– Transferencia de fondos de baja cuantía.

– Pagos de servicios y bienes de común vivir.

– Es decir, los elementos de riesgo están determinados por la identificación operaciones de envío y recepción de fondos de baja cuantía, pero con características especiales tales como:

– Su frecuencia

– La región geográfica de los envíos

– El país de origen y el país de destino, en especial manera si no corresponden con el país de nacionalidad de quien efectúa la operación

– Es importante considerar la cantidad de remesas enviadas y su relación con los costos de envío lo que nos puede indicar desinterés por la pérdida de recursos.

Para el control de fondos relacionados con el Financiamiento al Terrorismo es necesario que exista un monitoreo y rastreo constante de las transacciones por parte de las instituciones financieras y de los entes de inteligencia nacionales, el establecimientos de controles aduanales para el registro de movimientos transfronterizos de dinero, la creación de bases de datos centrales y regionales, la cooperación eficaz con los intermediarios financieros, la coordinación inter-institucional y la cooperación internacional.

Corrupción

El robo de activos públicos constituye un problema de mayor magnitud para el desarrollo y es imposible establecer con precisión el valor exacto de los activos estatales que han sido robados en los países en desarrollo. Cada año se pierden entre 1 y 16 billones de dólares de EUA por actividades ilícitas.

Los funcionarios corruptos en los países en desarrollo y en transición saquean hasta USD$40,000 millones cada año, ocultando esos fondos en el exterior, donde son extremadamente difíciles de recuperar. Esta cifra es equivalente al PIB anual de los 12 países más pobre del mundo, donde viven 240 millones de habitantes.[16]

La Convención de las Naciones Unidas contra la Corrupción no establece una definición concreta de Corrupción, por ello podemos realizar un análisis etimológico y encontramos el significado de los términos "corrupción" y "corromper"[17]

"Corrupción" proviene del latín corruptio-onis. Además de significar "la acción y efecto de corromper", puede ser entendido también como "una alteración o vicio en un libro o escrito", "el vicio o abuso introducido en las cosas no materiales", "en las organizaciones, especialmente en las públicas, práctica consistente en la utilización de las funciones y medios de aquellas en provecho, económico o de otra índole, de sus gestores"

"Corromper" (del latín, corrumpere), efecto de la corrupción, significa por su parte, "alterar y trastocar la forma de algo", "echar a perder, depravar, dañar, pudrir", "sobornar a alguien con dádivas o de otra manera", "pervertir o seducir a alguien", "estragar, viciar", "incomodar, fastidiar, irritar", "oler mal"

---

[16] Greenberg, Samuel, Grant, Gray, Recuperación de activos robados p.3

[17] www.rae.es Real Academia Española. Diccionario de la Lengua Española

Entonces podemos decir que La Corrupción[18] se define como el ofrecimiento, dadiva, intento, solicitud o aceptación de un estímulo o recompensa que podría influir en las acciones tomadas por la entidad sus miembros o sus funcionarios, en contra de sus intereses.

Otras definiciones son:

- "Se trata de una elección racional que se pone de manifiesto en la suposición de que la corrupción es parte de un cálculo racional y consciente que está profundamente en la búsqueda de los intereses propios y egoístas de los individuos en una economía de mercado competitivo." (Ting Gong)
- "La corrupción es un comportamiento que se aparta de las obligaciones normales de la función pública a causa de intereses privados (familia, personal, círculo privado) para obtener ganancias pecuniarias o alcanzar un mayor estatus; o viola las reglas contra el ejercicio de ciertos tipos de influencia considerando algo privado." (Joseph Nye)
- "Es el mal uso de un cargo público para beneficio privado." (D. Kaufmann)
- "Es el uso indebido del poder otorgado, para beneficio privado." (Transparencia Internacional)[19]

El enriquecimiento ilícito, el soborno, el tráfico de influencias, malversación de fondos públicos, abuso de poder, el peculado, son manifestaciones claras de corrupción que generan ganancias al actor de dichos actos.

A pesar de lo anterior la Convención de las Naciones Unidas contra la Corrupciones si define conceptos de importancia en su artículo 2 el cual dicta:

a) Por "funcionario público" se entenderá: i) toda persona que ocupe un cargo legislativo, ejecutivo, administrativo o judicial de un Estado Parte, ya sea designado o elegido, permanente o temporal, remunerado u honorario, sea cual sea la antigüedad de esa persona en el cargo; ii) toda

---

[18] Delgado, Luis Aparicio (2003) Auditoría Forense, Evidencias Técnicas (p.40)
[19] Curso en prevención y gestión de riesgos de corrupción para el sector público en américa latina- Módulo 1 Corrupción, Desarrollo Humano y Gobernabilidad Democrática. PNUD- 2013

otra persona que desempeñe una función pública, incluso para un organismo público o una empresa pública, o que preste un servicio público, según se defina en el derecho interno del Estado Parte y se aplique en la esfera pertinente del ordenamiento jurídico de ese Estado Parte; iii) toda otra persona definida como "funcionario público" en el derecho interno de un Estado Parte. No obstante, a los efectos de algunas medidas específicas incluidas en el capítulo II de la presente Convención, podrá entenderse por "funcionario público" toda persona que desempeñe una función pública o preste un servicio público según se defina en el derecho interno del Estado Parte y se aplique en la esfera pertinente del ordenamiento jurídico de ese Estado Parte;

b) Por "funcionario público extranjero" se entenderá toda persona que ocupe un cargo legislativo, ejecutivo, administrativo o judicial de un país extranjero, ya sea designado o elegido; y toda persona que ejerza una función pública para un país extranjero, incluso para un organismo público o una empresa pública;

c) Por "funcionario de una organización internacional pública" se entenderá un empleado público internacional o toda persona que tal organización haya autorizado a actuar en su nombre;

d) Por "bienes" se entenderá los activos de cualquier tipo, corporales o incorporales, muebles o inmuebles, tangibles o intangibles y los documentos o instrumentos legales que acrediten la propiedad u otros derechos sobre dichos activos;

e) Por "producto del delito" se entenderá los bienes de cualquier índole derivados u obtenidos directa o indirectamente de la comisión de un delito;

Asimismo, se definen las conductas que se determinan como actos contra el estado indicando:

Soborno de funcionarios públicos nacionales

Cada Estado Parte adoptará las medidas legislativas y de otra índole que sean necesarias para tipificar como delito, cuando se cometan intencionalmente:

La promesa, el ofrecimiento o la concesión a un funcionario público, en forma directa o indirecta, de un beneficio indebido que redunde en su propio provecho o en el de otra persona o entidad con el fin de que dicho funcionario actúe o se abstenga de actuar en el cumplimiento de sus funciones oficiales;

La solicitud o aceptación por un funcionario público, en forma directa o indirecta, de un beneficio indebido que redunde en su propio provecho o en el de otra persona o entidad con el fin de que dicho funcionario actúe o se abstenga de actuar en el cumplimiento de sus funciones oficiales.

Soborno de funcionarios públicos extranjeros y de funcionarios de organizaciones internacionales públicas:

Cada Estado Parte adoptará las medidas legislativas y de otra índole que sean necesarias para tipificar como delito, cuando se cometan intencionalmente, la promesa, el ofrecimiento o la concesión, en forma directa o indirecta, a un funcionario público extranjero o a un funcionario de una organización internacional pública, de un beneficio indebido que redunde en su propio provecho o en el de otra persona o entidad con el fin de que dicho funcionario actúe o se abstenga de actuar en el ejercicio de sus funciones oficiales para obtener o mantener alguna transacción comercial u otro beneficio indebido en relación con la realización de actividades comerciales internacionales.

Cada Estado Parte considerará la posibilidad de adoptar las medidas legislativas y de otra índole que sean necesarias para tipificar como delito, cuando se cometan intencionalmente, la solicitud o aceptación por un funcionario público extranjero o un funcionario de una organización internacional pública, en forma directa o indirecta, de un beneficio indebido que redunde en su propio provecho o en el de otra persona o entidad, con el fin de que dicho funcionario actúe o se abstenga de actuar en el ejercicio de sus funciones oficiales.

Malversación o peculado, apropiación indebida u otras formas de desviación de bienes por un funcionario público:

Cada Estado parte adoptará las medidas legislativas y de otra índole que sean necesarias para tipificar como delito, cuando se cometan intencionalmente, la malversación o el peculado, la apropiación indebida u otras formas de desviación por un funcionario público, en beneficio propio o de terceros u otras entidades, de bienes, fondos o títulos públicos o privados o cualquier otra cosa de valor que se hayan confiado al funcionario en virtud de su cargo.

Tráfico de influencias

Cada Estado Parte considerará la posibilidad de adoptar las medidas legislativas y de otra índole que sean necesarias para tipificar como delito, cuando se cometan intencionalmente:

La promesa, el ofrecimiento o la concesión a un funcionario público o a cualquier otra persona, en forma directa o indirecta, de un beneficio indebido con el fin de que el funcionario público o la persona abuse de su influencia real o supuesta para obtener de una administración o autoridad del Estado Parte un beneficio indebido que redunde en provecho del instigador original del acto o de cualquier otra persona;

La solicitud o aceptación por un funcionario público o cualquier otra persona, en forma directa o indirecta, de un beneficio indebido que redunde en su provecho o el de otra persona con el fin de que el funcionario público o la persona abuse de su influencia real o supuesta para obtener de una administración o autoridad del Estado Parte un beneficio indebido.

Abuso de funciones

Cada Estado Parte considerará la posibilidad de adoptar las medidas legislativas y de otra índole que sean necesarias para tipificar como delito, cuando se cometa intencionalmente, el abuso de funciones o del cargo, es decir, la realización u omisión de un acto, en violación de la ley, por parte de un funcionario público en el ejercicio de sus funciones, con el fin de obtener un beneficio indebido para sí mismo o para otra persona o entidad.

Enriquecimiento ilícito

Con sujeción a su constitución y a los principios fundamentales de su ordenamiento jurídico, cada Estado Parte considerará la posibilidad de adoptar las medidas legislativas y de otra índole que sean necesarias para tipificar como delito, cuando se cometa intencionalmente, el enriquecimiento ilícito, es decir, el incremento significativo del patrimonio de un funcionario público respecto de sus ingresos legítimos que no pueda ser razonablemente justificado por él.

Soborno en el sector privado

Cada Estado Parte considerará la posibilidad de adoptar las medidas legislativas y de otra índole que sean necesarias para tipificar como delito, cuando se cometan intencionalmente en el curso de actividades económicas, financieras o comerciales:

La promesa, el ofrecimiento o la concesión, en forma directa o indirecta, a una persona que dirija una entidad del sector privado o cumpla cualquier función en ella, de un beneficio indebido que redunde en su propio provecho o en el de otra persona, con el fin de que, faltando al deber inherente a sus funciones, actúe o se abstenga de actuar;

La solicitud o aceptación, en forma directa o indirecta, por una persona que dirija una entidad del sector privado o cumpla cualquier función en ella, de un beneficio indebido que redunde en su propio provecho o en el de otra persona, con el fin de que, faltando al deber inherente a sus funciones, actúe o se abstenga de actuar.

Malversación o peculado de bienes en el sector privado

Cada Estado Parte considerará la posibilidad de adoptar las medidas legislativas y de otra índole que sean necesarias para tipificar como delito, cuando se cometan intencionalmente en el curso de actividades económicas, financieras o comerciales, la malversación o el peculado, por una persona que dirija una entidad del sector privado o cumpla cualquier función en ella, de cualesquiera bienes, fondos o títulos privados o de cualquier otra cosa de valor que se hayan confiado a esa persona por razón de su cargo.

Encubrimiento

Sin perjuicio de lo dispuesto en el artículo 23 de la presente Convención, cada Estado Parte considerará la posibilidad de adoptar las medidas legislativas y de otra índole que sean necesarias para tipificar como delito, cuando se cometan intencionalmente tras la comisión de cualesquiera de los delitos tipificados con arreglo a la presente Convención pero sin haber participado en ellos, el encubrimiento o la retención continua de bienes a sabiendas de que dichos bienes son producto de cualesquiera de los delitos tipificados con arreglo a la presente Convención.

Obstrucción de la justicia

Cada Estado Parte adoptará las medidas legislativas y de otra índole que sean necesarias para tipificar como delito, cuando se cometan intencionalmente:

a) El uso de fuerza física, amenazas o intimidación, o la promesa, el ofrecimiento o la concesión de un beneficio indebido para inducir a una persona a prestar falso testimonio o a obstaculizar la prestación de testimonio o la aportación de pruebas en procesos en relación con la comisión de los delitos tipificados con arreglo a la presente Convención;

b) El uso de fuerza física, amenazas o intimidación para obstaculizar el cumplimiento de las funciones oficiales de un funcionario de la justicia o de los servicios encargados de hacer cumplir la ley en relación con la comisión de los delitos tipificados con arreglo a la presente Convención. Nada de lo previsto en el presente artículo menoscabará el derecho de los Estados Parte a disponer de legislación que proteja a otras categorías de funcionarios públicos.

Participación y tentativa

Cada Estado Parte adoptará las medidas legislativas y de otra índole que sean necesarias para tipificar como delito, de conformidad con su derecho interno, cualquier forma de participación, ya sea como cómplice, colaborador o instigador, en un delito tipificado con arreglo a la presente Convención.

Cada Estado Parte podrá adoptar las medidas legislativas y de otra índole que sean necesarias para tipificar como delito, de conformidad con su derecho interno, toda tentativa de cometer un delito tipificado con arreglo a la presente Convención.

Cada Estado Parte podrá adoptar las medidas legislativas y de otra índole que sean necesarias para tipificar como delito, de conformidad con su derecho interno, la preparación con miras a cometer un delito tipificado con arreglo a la presente Convención.

Conocimiento e intencionalidad en los delitos por Corrupción

Respecto al conocimiento y la intencionalidad del delito la misma convención establece "El conocimiento, la intención o el propósito que se requieren como elemento de un delito tipificado con arreglo a la presente Convención podrán inferirse de circunstancias fácticas objetivas."

Estas definiciones son de suma importancia al momento de la planificación y ejecución de la investigación financiera con el fin de determinar la participación de los investigados y su actividad ilícita.

Otros delitos que requieren investigación financiera

Existen otros delitos que requieren investigación financiera, aunque sus transacciones son más específicas y determinadas como: El Secuestro extorsivo, La Extorsión, El Sicariato y el Robo de vehículos.

Otros procesos judiciales que requieren investigación financiera

La privación o extinción de dominio como estrategia de persecución de bienes ilícitos.

La Privación o Extinción de Dominio es un instituto jurídico dirigido contra los bienes de origen o destinación ilícita. Como tal, es un instrumento de política criminal que busca complementar el conjunto de medidas institucionales y legales adoptadas por los países. Por su naturaleza y alcance, se constituye en un mecanismo novedoso y una respuesta eficaz contra el crimen organizado, ya que se enfoca exclusivamente en la persecución de toda clase de activos que integran la riqueza derivada de la actividad criminal.[20] Bajo esta perspectiva la UNODC establece que "las actividades ilícitas, en especial las manifestaciones de criminalidad organizada, afectan gravemente los derechos fundamentales y constituyen una amenaza para el desarrollo sostenible y la convivencia pacífica. Por lo tanto, existe la imperiosa necesidad de fortalecer la lucha contra la delincuencia, a través de un mecanismo legal que permita al Estado proceder sobre los bienes."

El artículo 2 de la Ley modelo citada indica que "la extinción de dominio es una consecuencia patrimonial de actividades ilícitas consistente en la

---

[20] Ley Modelo sobre extinción de Dominio- UNODC

declaración de titularidad a favor del Estado, de los bienes a que se refiere esta ley, por sentencia de autoridad judicial, sin contraprestación, ni compensación de naturaleza alguna." Es decir, la investigación financiera estará dirigida a perseguir los bienes, su origen, movimiento, destino o incremento, y no el delito que los precede.

Aunque cada país que ha implementado este tipo de legislación adopta distintas causales por las cuales se puede declarar la extinción de un bien, la UNODC establece 10 causales posibles.

- Bienes que sean producto de actividades ilícitas.

- Bienes que sean instrumentos de actividades ilícitas.

- Bienes que sean objeto material de actividades ilícitas.

- Bienes que provengan de la transformación o conversión parcial o total, física o jurídica del producto, instrumentos u objeto material de actividades ilícitas.

- Bienes de origen lícito utilizados para ocultar bienes de ilícita procedencia.

- Bienes de origen lícito mezclados con bienes de ilícita procedencia.

- Bienes que constituyan un incremento patrimonial no justificado, cuando existan elementos que permitan considerar razonablemente que provienen de actividades ilícitas.

- Bienes que constituyan ingresos, rentas, frutos, ganancias y otros beneficios derivados de los anteriores bienes.

- Bienes de origen lícito cuyo valor sea equivalente a cualquiera de los bienes descritos en los numerales anteriores, cuando no sea posible su localización, identificación, incautación, embargo preventivo o aprehensión material.

- Bienes de origen lícito cuyo valor sea equivalente a cualquiera de los bienes descritos en los numerales anteriores, cuando se acredite el derecho de un tercero de buena fe sobre el mismo bien.

Estos aspectos serán de vital importancia al momento de la planificación y ejecución de la investigación financiera ya que serán el enfoque que se dé al proceso como lo veremos en capítulos posteriores.

En este escenario el investigador debe prepararse para lograr:

– Identificar, localizar y ubicar los bienes que se encuentren en un presupuesto de extinción de dominio.

– Acreditar que concurren los elementos exigidos en los presupuestos de extinción de dominio.

– Identificar a los posibles titulares de derechos sobre los bienes que se encuentren en un presupuesto de extinción de dominio y averiguar su lugar de notificación.

– Acreditar el vínculo entre los posibles titulares de derechos sobre los bienes y el presupuesto de extinción de dominio.

– Desvirtuar   la   presunción   de   buena   fe.

CAPITULO II

La auditoría forense como herramienta de la investigación financiera

Ante la gran complejidad de los delitos financieros o aquellos procesos judiciales que por sus características requiera determinar los valores económicos relacionados, es que nace una nueva rama de la investigación criminal, llamada Investigación Financiera o Auditoria Forense, la cual se sustenta principalmente en la profesión de la Contaduría Pública en su función de Auditoria.

La Auditoria Forense mezcla los principios de la Auditoria Financiera, la cual se basa en la Normas Internacionales de Auditoría, la Auditoría Operativa, y Las Normas Internacionales de Atestiguamiento, así como los procesos de investigación criminal, con el fin de determinar la realidad de los hechos dada por las evidencias recolectada. Siendo estas Normas guía para la ejecución del trabajo del Auditor Forense utilizaremos varios conceptos contenidas en las mismas.

Para la Real Academia de la Lengua Española, el vocablo Forense, proviene del latín Forensis que significa, "Perteneciente o relativo al foro", "lo que es Público y manifiesto".

Para Rodríguez Castro, Forense es un término moderno para localizar y presentar pruebas en forma efectiva y convincente. La ciencia forense es la aplicación de la ciencia en la Ley; así como el uso de los principios de la ciencia y la tecnología, que se pueden aplicar, para identificar, recuperar, reconstruir o analizar indicios durante una investigación de carácter civil o penal.

Por tanto, lo forense está estrechamente ligado con los procesos judiciales ya que aporta pruebas que pueden ser presentadas en los tribunales de justicia.

Existe un importante número de ciencias y técnicas que aportan pruebas a los procesos judiciales como la medicina, la química, la física, la biología, la grafología, la psicología, la psiquiatría, y por su puesto la Contabilidad y las Finanzas, de aquí la necesidad de desarrollar como profesión a la Auditoría Forense.

Rodríguez Castro menciona que la Auditoria Forense se desarrolla en búsqueda de la prueba para ser dirimida en los tribunales. De esta forma debe entenderse como el proceso de recopilar, evaluar y acumular pruebas con la aplicación de normas para la investigación de ciertos delitos, que se pueden agrupar como fraudes, corrupción y terrorismo.[21]

Para Cano y Castro la "Auditoría Forense es una auditoría especializada en descubrir, divulgar y atestar sobre fraudes y delitos en el desarrollo de las funciones públicas y privadas..."

Por su parte Maldonado (2003) señala que: "La Auditoria Forense es el otro lado de la medalla de la labor del auditor, en procura de prevenir y estudiar hechos de corrupción. Como la mayoría de los resultados del Auditor van a conocimiento de los jueces (especialmente penales), es usual el término forense. (...) la Auditoría Forense, para profesionales con formación de Contador Público, debe orientarse a la investigación de actos dolosos en el nivel financiero de una empresa, el gobierno o cualquier organización que maneje recursos."

Podemos entonces afirmar, que la Auditoría Forense es la búsqueda de pruebas utilizando como fuente la información financiera y contable de un ente económico.

Por lo cual el concepto de Investigación Financiera estará estrechamente ligado a la Auditoría Forense, por lo que podemos definir la Investigación Financiera como proceso mediante el cual el investigador utiliza la información financiera-contable, para determinar un determinado hecho económico sucedido.

¿Quiénes son los usuarios de la Investigación Financiera o Auditoria Forense?

Existen diversos y posibles usuarios de las Investigaciones Financieras o Auditoria Forense:

Policía Judicial y Fiscalía: La generación de grandes ganancias, el uso de diversas estructuras financieras, la movilización de fondos a través de los

---

[21] Braulio Rodriguez Castro. (2007). "Aproximación a las técnicas propias de la auditoria forense la entrevista y el análisis documental"!

sistemas bancarias y demás instituciones financieras, la conversión de recursos en bienes de alto costo, y las innumerables estratagemas utilizadas por los criminales para dar apariencia de legalidad a las ganancias ilícitas, obligan a las autoridades judiciales a perfeccionar y profesionalizar cada día más a sus investigadores, y creando nuevas secciones de investigación financiera.

Corporaciones: La fuerte competencia comercial entre grandes compañías, las cada día más complejas estructuras jerárquicas corporativa, el alto grado de consumo de la sociedad actual, y los bajos controles internos de muchas empresas, son factores que provocan el aumento de grandes procesos de fraude o corrupción dentro de las organizaciones. Estas situaciones obligan a que estas corporaciones recurran a especialistas en investigación financiera para determinar la posibilidad de actividades ilícitas que afecten su patrimonio dentro del seno de su misma organización.

Empresas de Seguros: el sector de Seguros, es quizá el sector más vulnerable para la ejecución de fraudes por parte de sus clientes e incluso de sus colaboradores, por ello es común ver en estas organizaciones unidades especializadas en investigación anti fraude que realizan actividades propias de la Auditoria Forense.

Abogados Litigantes: en procesos judiciales tanto la defensa como la parte acusadora tienen el derecho de presentar sus pruebas que soporten su postura, para ello cada día es más común el uso de peritos expertos en distintas áreas, esto incluye desde luego los peritos en Auditoria Forense quienes por medio de su dictamen pericial pueden demostrar el origen, movimiento uso y destino de los fondos.

Gobierno: El gobierno tiene diversas instancias administrativas con facultades de supervisión, desde las Auditorías Fiscales, hasta los entes de Contraloría, requieren el uso de especialistas en investigación financiera para la determinación de actos ilícitos contra el fisco o contra la administración pública en los casos de corrupción.

¿Quién realiza la auditoría forense?

La Auditoría Forense, debe ser realizada por un profesional de las ciencias Contables-Financieras preparado, capacitado y acreditado para la realización de estos estudios y que por ley o mandato su informe posea capacidad pública (Fe Pública).

En muchos países la legislación interna establece que solo los profesionales en Contaduría Pública, debidamente acreditados y que poseen Fe Pública, pueden fungir como peritos financieros, ya que su formación se los permite.

A pesar de ello, cualquier profesional puede ser presentado como Perito, previa juramentación ante las autoridades competentes o según lo establezca la legislación vigente.

El título de este profesional varía según el país, región o legislación, ya que puede ser denominado como Investigador Financiero, Analista Financiero, Auditor Forense, Perito Forense, Investigador Financiero entre otros.

El perfil del auditor forense

Perfil del Auditor Forense varía según cada país, a pesar de ellos el perfil ideal podríamos definirlo de la siguiente manera:

Requisitos:

Profesional en Ciencias Contables, financieras o económicas. Amplios conocimientos prácticos y analíticos de información contables y financiera de un ente económico sea su base fundamental. Existen otras profesiones que aún y cuando pertenecen a la rama económica no se enfocan en el conocimiento y análisis de la información antes descrita.

Al menos 5 años de experiencia en funciones propias de la Auditoría Financiera u operativa. Es ideal que el Auditor Forense haya laborado en la realización de Auditorías Financieras u Operativas que le permitan el desarrollo de pericia en el análisis de información contable y financiera de diversos entes económicos.

Experiencia en Investigaciones Criminales. Siendo que el Auditor Forense es parte de la investigación criminal, la experiencia en procesos investigativos es vital, ya que esto le permitirá el uso de técnicas especiales de investigación, así como tener un panorama amplio respecto a sus labores periciales.

Conocimientos en Derecho Penal y Procesal Penal. Debido a que el producto de la labor del Auditor Forense será utilizado como prueba en juicio, es de vital importancia que este profesional posea conocimientos básicos en Derecho Penal y Procesal Penal con el fin de que su informe final cuente con todos los elementos necesarios para sustentar el proceso.

Conocimientos en Derecho Mercantil. La investigación financiera utilizada distintas fuentes para la determinación de perfiles, comportamientos o movimientos realizados por los sujetos investigados y sus organizaciones, por esta razón es imprescindible que el perito tenga un buen conocimiento respecto al Derecho Mercantil que le permita identificar en forma apropiada las diversas situaciones relacionadas con sociedades, bienes, contratos, o cualquier otro tipo de figuras comerciales.

Conocimientos en Productos del Sistema Financiero. La principal fuente de información del Perito o Auditor Forense es la información generada por el sistema financiero (Bancos, Puestos de Bolsa, Aseguradoras, Financieras etc.)

La labor del auditor forense:

La labor del Auditor Forense tiene como objetivo: recopilar, evaluar y acumular pruebas, así como la reconstrucción de hechos financieros de las personas, sean estas naturales o jurídicas, relacionadas en los casos judiciales, todo con estricto apego a las normas procesales vigentes.

El Auditor Forense deberá emitir una opinión respecto a la información financiera a la cual tuvo alcance; determinando con ello la existencia o no posibles comportamientos ilícitos, realizados por los sujetos investigados, así como la capacidad económica real y los posibles incrementos económicos no justificados de dichos sujetos.

El Investigador Financiero deberá realizar su labor basado en los principios de:

Objetividad

Objetividad se refiere a lo que es Objetivo. Según el Diccionario de la Real Academia de la Lengua Española nos define el Adjetivo "Objetivo" como Perteneciente o relativo al objeto en sí mismo, con independencia de la propia manera de pensar o de sentir.

La NIA 620 indica que "la objetividad se refiere a los posibles efectos que pueden tener el sesgo, los conflictos de intereses o la influencia que otros puedan tener sobre el juicio profesional del experto del auditor."

Por tanto, el investigador financiero deberá realizar su labor libre de todo prejuicio y en total imparcialidad. Indistintamente del conocimiento previo o antecedentes del sujeto investigado.

Razonabilidad

Es importante que primero definamos el concepto de "Razonable" el Profesor en Derecho Constitucional Ricardo Haro, indica que "razonable" deriva del latín "rationabilis", adjetivo que significa arreglado, justo, conforme a razón. De otro lado Lalande nos dice que "raissonable", quiere decir que posee razón; el que piensa u obra de una manera que no puede censurarse, el que evidencia un juicio sano y normal."[22]

Es decir, el investigador financiero deberá presentar los resultados de su investigación de forma fiel y apegada a la realidad de los hechos encontrados. El Investigador no podrá poner o quitar información a su informe si la misma no se encuentra respaldada por la evidencia recopilada.

Escepticismo profesional

Según la NIA 200 el escepticismo profesional se refiere a la "actitud que implica una mentalidad inquisitiva, una especial atención a las circunstancias que puedan ser indicativas de posibles incorrecciones debidas a errores o fraudes, y una valoración crítica de la evidencia de auditoría."

El Investigador Financiero por tanto deberá confirmar cada evidencia que obtenga, ya que de ello dependerá que la misma pueda ser utilizada en los procesos judiciales como prueba sin cuestionamientos.

Por esta razón el Investigador deberá poner especial atención a los siguientes aspectos:

---

[22] La Razonabilidad y las Funciones de Control- Ius et Praxis Año 7 No 2: 179 - 186, 2001

- La evidencia que contradiga otra evidencia obtenida.

- La información que cuestione la fiabilidad de los documentos y las respuestas a las indagaciones que vayan a utilizarse como evidencia.

- Las condiciones que puedan indicar un posible delito.

- Las circunstancias que sugieran la necesidad de aplicar procedimientos de adicionales de recolección de pruebas

Independencia de criterio

En la labor investigativa es necesaria la independencia del investigador con terceros involucrados en el proceso, con el fin de evitar injerencias en las decisiones, opiniones y conclusiones a las cuales conduzca la investigación.

Según Lugo y Cano "Es importante e imprescindible mantener la neutralidad e independencia de criterio. Los auditores investigadores están impedidos por ley de tener contacto o relaciones personales con los directivos y el personal de la entidad que está siendo investigada y también con otras personas que pueden ser objeto de acusaciones dentro de la investigación o que puedan de alguna forma, influenciar en el trabajo que realizan." [23]

La visión preventiva de la auditoría forense

Es importante destacar que la Auditoría Forense, además de su visión reactiva como herramienta para la persecución criminal, posee una visión preventiva dirigida al control de los procesos internos de las instituciones con el fin de mitigar los riesgos de de fraudes o delitos contra la propiedad de las empresas.

Las instituciones financieras, principalmente, utilizan la visión preventiva de Auditoria Forense para el establecimiento de sus sistemas integrales de riesgos, así como procesos de debida diligencia reforzadas ante la posibilidad de operaciones o transacciones que puedan ser consideradas inusuales.

---

[23] Danilo Lugo, y Miguel Antonio Cano-Auditoría Forense

Los Oficiales de Cumplimiento, garantes del cumplimiento de las Normativas "anti-lavado" de las instituciones y del establecimiento del sistema preventivo institucional, tienen entre sus funciones el monitoreo, identificación, atención, seguimiento y reporte de operaciones inusuales que por sus características, recurrencia y falta de justificación puedan ser consideradas sospechosas poniendo en riesgo de exposición a la entidad.

Para esta misión las unidades de cumplimiento cuentan con sistemas y protocolos para monitoreo de transacciones, productos, perfiles de clientes e información complementaria que les permite obtener las alertas necesarias ante posibles actos atípicos de sus clientes.

El acceso a la información aportada por el cliente en el momento de su vinculación, así como la documentación adicional recopilada durante su relación comercial con la institución, configuran la fuente primaria para la obtención de evidencias que respalden sus análisis, complementado con la información de fuentes externas disponibles para esta labor.

Si bien es cierto, el Oficial de Cumplimiento no es un investigador financiero, y que su misión no es, ni nunca será, determinar la existencia de un delito, el principio preventivo que lo rige, lo obliga a realizar un procesos de análisis "primario" con la información en su poder, ante la identificación de operaciones sospechosas, con el fin de confirmar o descartar dicha sospecha, determinando, al menos, comportamientos transaccionales, comportamientos cotidianos[24], relaciones familiares o comerciales que puedan ser clientes de la misma, registro en listas internacionales y cualquier otro indicio, que de no ser identificado, ponga en riesgo a la entidad.

Como ya se indicó anteriormente, la labor del Oficial de Cumplimiento no es de investigador financiero y mucho menos una labor policial, su labor es preventiva, por ello la posible materialización de un riesgo, por actividades de lavado de activos dentro de la organización, debe activar de inmediato un protocolo de amplio espectro que permita identificar posibles personas o grupo de personas relacionadas con el detonante inicial.

Es común escuchar, por parte de los Oficiales de Cumplimiento e incluso por gerencias, miembros de comités de cumplimiento o miembros de

---

[24] Ver capítulo IV, Evidencias y Pruebas

Juntas Directivas, que la oficialía debe limitar su análisis de Operaciones Sospechosas únicamente al titular de dicha operación, dejando de lado la revisión de posibles personas relacionadas. Este accionar por parte de la Unidad de Cumplimiento permitiría que riesgos relacionados atenten contra la institución.

Por ejemplo: el Oficial de Cumplimiento de una empresa remesadora recibe una alerta de su sistema de monitoreo sobre un sujeto que recibe fondos desde un país de alto riesgo de forma sistemática y que en conjunto son sustanciales. El Oficial de Cumplimiento ordena un análisis de las transacciones del titular de las operaciones. Las políticas de análisis de operaciones inusuales de la institución establecen que no se requiere la búsqueda de personas relacionadas. Las autoridades realizan un requerimiento de información en el cual el cliente de la remesadora aparece en la lista de nombre solicitados, pero que, además incluye a su esposa, hijos y hermanos, que también son clientes de la remesadora, los cuales registran envíos y recepción de fondos formando una organización criminal. Realizando un análisis más detallado de las remesas de dicho grupo, se identifica que los nombres relacionados registran remesas entrantes y saliendo desde su país de origen a más de 10 destinos distintos donde los ordenantes y beneficiarios son coincidente entre todos los involucrados.

Una simple búsqueda de personas relacionadas hubiese permitido ampliar el rango de estudio por parte de la institución, identificando los demás agentes de riesgo relacionados a su reporte original.

CAPITULO III

La investigación financiera

Para Grupo de Acción Financiera Internacional (GAFI) en su "Guía para las investigaciones financieras"[25] del año 2012, la investigación financiera *"significa realizar indagaciones de asuntos financieros relacionados con conductas delictivas. La meta principal de una investigación financiera es identificar y documentar el movimiento de dinero en el transcurso de una actividad delictiva."*

Por su parte, el mismo GAFI en las notas interpretativas de la recomendación 30 indica que

"Investigación financiera' significa una investigación preliminar sobre los asuntos financieros relacionados a una actividad criminal, con la finalidad de:

• *Identificar el alcance de las redes criminales y/o la escala de la criminalidad;*
• *Identificar y rastrear activos del crimen, fondos terroristas u otros activos que están sujetos, o pudieran estar sujetos, a decomiso; y Desarrollar evidencia que pueda ser utilizada en procesos penales."[26]*

El objetivo de la investigación financiera, es tan variado como tipos de delitos financieros sean perseguidos, y la estrategia de persecución del delito establecida por el Investigador Financiero o por los Fiscales del Ministerio Públicos responsables del caso.

Por tanto muchos podrían ser los objetivos perseguidos en un proceso de investigación financiera, como por ejemplo la determinación de la procedencia, uso, movimiento y destino de los fondos en los casos de Legitimación de Capitales; determinación de transacciones específicas en los casos de Fraudes, Estafas o Sicariato, o el establecimiento del volumen patrimonial en casos de procesos de Decomiso sin Condena Privación,

---

[25] "Guía para las investigaciones financieras" del año 2012, página 3.

[26] Las recomendaciones del GAFI- estándares internacionales sobre la lucha contra el lavado de activos, el financiamiento del terrorismo y la proliferación de armas de destrucción masiva. Notas Interpretativas R.30 párrafo 2.

Extinción o Perdida de Dominio, Comiso Ampliado y, Corrupción, entre otros; y que más adelante analizaremos con mayor detalle.

Para la Corte internacional Penal en su documento denominado "Investigaciones financieras y recuperación de activos":

"En primer lugar, las investigaciones financieras pueden aportar información significativa y valiosa en relación con las causas ante la Corte. Esta información puede constituir una prueba, y podría contribuir a demostrar los elementos de los crímenes o a determinar la responsabilidad penal individual.

En segundo lugar, las investigaciones financieras contribuyen a la gestión responsable de los fondos que aportan a la Corte los Estados Partes, ya que aseguran que no se produzca ningún pago indebido a los equipos de la defensa en concepto de asistencia letrada.

En tercer lugar, es fundamental para fines de rendición de cuentas y para velar por que el crimen no resulte provechoso, en el supuesto de que el perpetrador sea condenado al pago de multas o al decomiso del producto, los bienes o los haberes procedentes directa o indirectamente del crimen"

El Investigador Financiero, deberá determinar los objetivos de su estudio según sea el caso, el enfoque o la posición del mismo investigador durante el proceso.

En las investigaciones judiciales es vital la dirección funcional del Fiscal del Ministerio Público para la determinación de estos objetivos, ya que el mismo dictará la dirección funcional apropiada de la investigación. A pesar de ello en las investigaciones, donde no media el Ministerio Público, es importante que el grupo de trabajo establezca de forma previa los objetivos a perseguir de acuerdo a los antecedentes de la investigación y así definir de forma apropiada la línea de trabajo y las metas esperadas. "Si no sabemos a dónde queremos llegar, a cualquier lugar que lleguemos será bueno".

Podemos decir que las investigaciones financieras se originan por dos vías específicas: de forma proactiva y de forma reactiva.

Cuando hablamos de investigación proactiva nos referimos a procesos de investigación generados por la identificación de posibles riesgos identificados, como las señales de alerta presentados en informes de auditoría interna por posibles fraudes, denuncias anónimas de posibles delitos en curso, informes de operaciones sospechosas emitidos por las entidades financieras o procesos proactivos de inteligencia.

En el caso de las investigaciones reactivas, estas se deben a actos ilícitos realizados e identificados que requieren de atención inmediata con el fin de determinar los responsables de los hechos, estos los encontramos en fraudes ya realizados en las empresas, procesos judiciales en curso, denuncias directas por actos delictivos perpetrados etc.

Objeto de la investigación financiera

El objeto de la investigación financiera se encuentra estrechamente ligado con el posible delito a investigar y la consecución del objetivo de la investigación. No es igual la persecución de la Legitimación de Capitales en la cual es necesaria la revisión de cada una de las transacciones realizadas con el fin de determinar su origen, movimiento uso y destino de los fondos, que la persecución del fraude, en la cual es necesario determinar la existencia de movimientos específicos relacionados con el acto ilícito.

Por esta razón, se debe definir el objeto de la investigación de manera que los recursos se enfoquen de manera apropiada.

En los delitos financieros podemos determinar al menos tres objetos específicos:

Objeto n°1: Relación de transacciones y personas

Al determinar que el objeto de la investigación será la relación existente entre las transacciones financieras con las personas, el investigador deberá obtener evidencia suficiente y apropiada que le permita analizar cada una de las transacciones financieras realizadas por los sujetos en investigación.

Para ello será necesario recurrir a la información almacenada en las instituciones financieras, entidades públicas fiscales, aduaneras, información contable y cualquier otra información financiera disponible.

Existen algunas transacciones que no se reflejan en los estados de cuenta bancarios a nombre de los sujetos investigados, pero que pueden ser identificadas desde la fuente, permitiendo con esto relacionar dichas transacciones con los sujetos titulares, relacionados o beneficiarios de las mismas.

Ejemplo de ello es la compra de cheques de Gerencia, cheques de caja o cheques oficiales, los cuales el sujeto investigado pudo haber comprado en ventanilla con dinero en efectivo, sin quedar reflejado en sus estados bancarios. Estos cheques dificultan, a simple vista, la identificación de la persona que realizó la compra, a pesar de ello el investigador deberá obtener desde las fuentes mismas (la institución bancaria) los datos precisos que relacionan esta transacción con las personas que la realizaron.

Otro ejemplo de esto, es la identificación de las personas físicas que realizan depósitos de dinero en las cuentas bancarias, de terceros o a nombre de personas jurídicas o morales. Estos registros no son identificables de forma sencilla en un estado de cuenta o detalle bancario, requieren de gestiones adicionales por parte del investigador ante la institución relacionada.

Para este propósito la "Guía de Investigación Financiera y Contable"[27] nos indica que algunos métodos utilizados son:

El método de los depósitos específicos, que será de utilidad cuando se esté ante situaciones en que la investigación se orienta a la verificación del origen de ingresos específicos en los servicios financieros, de forma similar a lo que se investiga cuando se hace un hallazgo de dinero por una suma elevada o bien que se descubre a una persona tratando de introducir o sacar del país dinero sin hacer la declaración que exige la ley.

El método de los depósitos totales en servicios financieros, que se refiere exclusivamente al estudio de dichos depósitos, el cual es útil, por ejemplo, para un procedimiento inicial para determinar la existencia de un delito

---

[27] Guía de Investigación Financiera y Contable Ministerio Público Policía Nacional de Honduras Comisión Nacional de Bancos y Seguros Dirección Nacional de Investigación e Inteligencia

tributario, que permite relacionar los ingresos reportados a la autoridad tributaria con los depósitos totales hechos por el supuesto evasor en sus cuentas bancarias. Igualmente, este método será de utilidad para cuantificar ingresos ocultos, que razonablemente se pueda suponer como originados en otros tipos de actividades ilícitas.

Método del Efectivo: determinar el efectivo disponible de un sujeto es una parte muy importante en la investigación y a través de método indirecto de acreditación se podrá establecer cuánto efectivo se encuentra en poder o ha sido manejado por la persona investigada. El efectivo disponible incluye el dinero depositado en los servicios financieros y el efectivo con el cual se hayan realizado las transacciones. Este método se utiliza en aquellos casos, en los cuales el uso de los servicios financieros por parte de los delincuentes para realizar pagos o para manejar ingresos es limitado, realizándose la mayor parte de ellos en efectivo.[28]

Método Ingreso/Gasto (también conocido como el Método de los gastos de contado): el método para la determinación de gastos implica comparar las fuentes legales de ingresos con los gastos de contado del sujeto investigado, de todo tipo, ubicándolos en el momento en que ocurren las erogaciones, lo que lo hace más dinámico. Es un método de fácil comprensión y de aplicación en países como Honduras en los cuales existe un alto grado de economía informal o subterránea, razón por la cual existe poca información contable o tributaria que permita construir el método del patrimonio neto.

Método del Valor neto del patrimonio (también conocido como "Net Worth" o Patrimonio neto, por su traducción del inglés): este método es de utilidad cuando se tiene información contable o tributaria de varios períodos que se deben estudiar, normalmente sobre una base anual, pues la base del método es ese tipo de información. Es un análisis necesariamente progresivo pues se basa en la comparación del valor del patrimonio neto en un período, con el de períodos anteriores. Como ventaja se puede señalar que puede ser construido rápidamente si se dispone de información extraída de estados financieros de entidades jurídicas, comerciantes individuales o de las declaraciones del impuesto sobre la renta. Tiene la limitación que los datos presentan la situación

---

[28] Guía de Investigación Financiera y Contable Ministerio Público Policía Nacional de Honduras Comisión Nacional de Bancos y Seguros Dirección Nacional de Investigación e Inteligencia

patrimonial del investigado al final de cada período examinado, por lo que puede ser menos dinámico que el método del ingreso/gasto y un poco más difícil de entender y de aplicar en países como Honduras, con poca tradición contable y tributaria. [29]

Objeto n°2: Relación de personas y personas

La información financiera nos puede proporcionar información relevante para identificar aquellas personas, ya sean físicas o jurídicas, relacionadas con los sujetos investigados y con ello ampliar y determinar las personas que conforman la posible red criminal.

Los delitos financieros como la Corrupción, la Legitimación de Capitales, el Financiamiento al terrorismo entre otros son delitos que requieren una amplia red de personas involucradas.

Es así, que cuando la investigación requiere ampliar el espectro de investigación a todos los sujetos relacionados, el investigador debe enfocar su estudio en este objeto.

Objeto n°3: Relación de personas y bienes.

Los delitos económicos tienen por objetivo la ganancia de capitales que incremente el patrimonio de los delincuentes, es por esta razón que el disfrute de estas ganancias no se limita al consumo de los fondos, sino también en la conversión de dichos fondos en bienes, ya sean estos muebles o inmuebles.

Debido a que muchos bienes no son registrables (no existe un registro público de su propietario), en muchas ocasiones nos limitamos a trabajar con los bienes que si cuentan con dicho registro.

El uso apropiado de la información financiera nos permite identificar, además de bienes registrables, aquellos bienes que han sido comprados por medio de instrumentos financieros y que no tiene matricula registral. Por ejemplo, el análisis de cheques girados a nombre de casas comerciales distribuidoras de bienes de alto valor como joyas, obras de arte, menaje

---

[29] Guía de Investigación Financiera y Contable Ministerio Público Policía Nacional de Honduras Comisión Nacional de Bancos y Seguros Dirección Nacional de Investigación e Inteligencia

etc., nos permitiría identificar un volumen aproximado de estas pertenencias.

Misma situación podemos encontrar durante el análisis de tarjetas de crédito. Los comercios afiliados se encuentran debidamente identificados, por lo cual, mediante un proceso de recolección de pruebas, el sistema judicial es capaz de recuperar la información de la compra de bienes en dichos comercios. Es necesario recabar información sobre la forma de pago, financiamientos asociados u otras circunstancias de interés para la investigación.

Otro medio de recopilación de datos, es el uso de la entrevista a los afectados o personas involucras en los procesos en estudio.

En un evento de fraude o estafa, mediante esta técnica de entrevista se podría obtener datos o documentos que permita determinar el alcance temporal y espacial de acto delictivo, dando una guía más clara a la investigación. Por ejemplo:

– Forma en que fueron contactados por el posible delincuente y las fechas de esos contactos

– Si existía una relación previa con los investigados que permita identificar a las personas o algunas personas implicadas en el acto criminal.

– Monto, forma y fecha de las transacciones realizadas, si fue en un solo pago o en tractos, montos y momentos de los pagos. Si se recibió algún otro bien como parte del pago.

– Si el monto pagado era normal para el tipo de bien o el estado en que se encontraba el activo, si no existió preocupación por el precio por parte del comprador o recibieron un pago mucho mayor que el verdadero valor del bien.

– Forma de pago: en efectivo, mediante cheque personal o de una empresa, cheque de gerencia, títulos valores, etc. Si al momento de la transacción se le ofreció pagar en efectivo y solamente cuando se negó a recibir efectivo, aceptaron pagarle con algún otro tipo de documento.

– Si el pago se dio en efectivo, el tipo de moneda y la denominación de los billetes. Si se recibieron valores, destino que posteriormente le dio a los valores recibidos (depósitos en un banco, conversión a efectivo, etc.)

– Si se les pidió elaborar las escrituras o los comprobantes de la transacción a nombre de personas diferentes a quienes inicialmente participaron en la negociación o que incluso en ningún momento habían participado.

– Si emitieron comprobantes del pago, diferentes a las escrituras ante los notarios.

– Lugar en que se dio la transacción; lugares que tuvieron que visitar para llevar a cabo la negociación y para cerrar el negocio y recibir el pago.

– Si se les pidió discreción o que guardaran silencio sobre la negociación.

– Si los compradores demostraron urgencia en cerrar la negociación.

– Si los compradores actuaron en nombre propio, o con poderes en representación de otro u otros.

– Descripción física de las personas que participaron, de las cuales no conozcan la identidad.

– Si recibieron información de los compradores acerca de la procedencia del dinero o las actividades económicas a las que se dedicaban.

– Si se recibió financiamiento formal, obtener evidencia de los pagos efectuados.[30]

Si bien es cierto, las investigaciones financieras siempre requerirán de abordar los 3 objetos de investigación, dependerá de la dirección funcional establecer los alcances de las diligencias a realizar por parte del perito contable.

Tipos de estudios para la investigación financiera:

---

[30] Guía de Investigación Financiera y Contable Ministerio Público Policía Nacional de Honduras Comisión Nacional de Bancos y Seguros Dirección Nacional de Investigación e Inteligencia

Estudio transaccional o estudio de origen y uso de recursos.

Esta clase de estudio, está orientado a analizar las transacciones realizadas por los sujetos investigados durante el plazo de la investigación con el fin de identificar movimientos financieros específicos o el comportamiento de dichos movimientos en el tiempo, lo que se le conoce como la "ruta del dinero". Los delitos más comunes que se pueden perseguir con este tipo de investigación son: fraude, estafa, extorción, sicariato, legitimación de capitales, financiamiento al terrorismo, corrupción, y en algunas de las causales para la privación o extinción de dominio u otros procesos de decomiso sin condena.

El investigador, deberá discriminar del universo de transacciones, aquellas que sean de mayor relevancia o que le permita lograr los objetivos del estudio según sea el objeto a perseguir.

En el caso del Objeto n° 1, Relación de Transacciones y Personas, el Auditor Forense analizará las transacciones financieras realizadas por el sujeto investigado con el fin de determinar el origen de los fondos transados, su movimiento y el destino de los mismos, determinado con la "Ruta del Dinero". Como es el caso del Lavado de Activos y el Financiamiento al Terrorismo.

Para los delitos como el fraude, la estafa, la extorción, o el sicariato es de vital importancia la relación de los hechos denunciados con las transacciones en estudio. Estos delitos se enfocan en transacciones específicas las cuales se deben identificar en relación con la fecha del hecho y de origen y volumen de los fondos.

Para el Objeto n°2, el investigador deberá identificar por medio de la información financiera obtenida aquellas personas que se encuentren relacionadas ya sean emisoras o beneficiarias de transacciones, que sugieran relaciones sistemáticas y sustanciales con los sujetos investigados, o la propiedad de bienes adquiridos por medio de los sujetos investigados pero que se encuentra a nombre de terceros relacionados.

Finalmente, el Objeto n°3, es de suma importancia, ya que los delitos financieros siempre procuran obtener ganancias que serán transformadas en bienes para el uso y disfrute del delincuente siendo este su fin máximo. Por tanto, la relación de las personas investigadas con sus bienes es de vital importancia. La investigación financiera siempre deberá determinar la cantidad, tipo y ubicación de los bienes obtenidos con fondos ilícitos. Lo que permitirá el decomiso de sus valiosos tesoros.

Estudio patrimonial

El estudio patrimonial busca identificar el valor económico de los bienes, pertenecientes a los sujetos investigados, así como las desviaciones sufridas por ésta patrimonio en el tiempo, mediante la comparación de su perfil económico, en distintos períodos cronológicos, y establecer así el crecimiento de los bienes de una persona en un lapso de tiempo determinado.

Este análisis debe incluir todo su entorno económico, empresas, círculo familiar, personas relacionadas, entre otros, según sea el caso.

Análisis financiero

Este estudio se desarrolla a partir de las Normas Internacional de Contabilidad y las Normas Internacionales de Información Financiera dirigidos a determinar la rentabilidad, liquidez, viabilidad, solvencia, apalancamiento y solidez de una empresa, proyecto o actividad comercial.

Para la realización de dicho estudio es necesario contar, no solo con la información externa (bienes, cuentas bancarias, etc.) sino además con la información interna de la empresa como los Estados Financieros, contratos, entre otros.

Este tipo de estudio se enfoca principalmente en la persecución de delitos como el fraude corporativo, el lavado de activos y en procesos de extinción de dominio.

Al analizar un estado financiero, es además importante conocer la actividad económica a la que se dedica la empresa investigada.

En ocasiones los analistas se limitan a la verificación de los ingresos registrados en el Estado de Pérdidas y Ganancias (Estado de Resultados), asumiendo que, todo el ingreso de dineros son sinónimo de ingresos por concepto de ventas o servicios, lo cual representa un gran error de apreciación, inducido por el desconocimiento del giro comercial de la empresa. Por ejemplo: en el caso de las empresas comerciales dedicadas a las ventas directas de contado, la relación entre movimientos bancarios e ingresos puede tener una relación más directa. En las empresas comerciales que brindan opción de crédito a sus clientes, se debe realizar un análisis más cuidadoso ya que no todos los ingresos registrados en resultados, serán necesariamente reportados en las cuentas bancarias ya que existirá un porcentaje considerable pendiente de recuperación, tanto de meses anteriores como los futuros por cobrar, ante lo cual, es importante comparar periodos consecutivos que permitan determinar el nivel de recuperación y ventas real y su relación con los movimientos en bancos.

Otro caso es el de las empresas dedicadas al desarrollo inmobiliario por cuenta de terceros o que administran fondos de terceros clientes. En este particular los ingresos en cuentas bancarias deben ser relacionados con cuentas pasivas en favor de clientes ya que esos fondos no son ingresos de la empresa, sino que son recibidos para su administración o desarrollo del futuro bien inmueble.

Por otro lado, en el caso de Asociaciones, Cooperativas, Cajas de Ahorro o similares, los fondos que ingresan a sus cuentas bancarias no guardan relación directa con los ingresos de su Estado de Resultados, sino que se identifican en los pasivos por ahorrantes o en el patrimonio por aportes de asociados. De igual forma hay que poner atención a créditos bancarios, aportes de socios y cualquier otra cuenta que refiera a fuentes externas de fondeo.

Una vez iniciado el proceso de investigación y realizadas las primeras diligencias, el investigador financiero, con la información recopilada, deberá determinar un <u>perfil económico</u> inicial de los sujetos investigados, el cual servirá como punto de partida.

En el caso de procesos judiciales, es importante que este perfil inicial sea remitido al Fiscal en el informe preliminar junto con la documentación recopilada en esta etapa. Con dicha información el Fiscal, dictará la dirección funcional al Investigador Financiero indicando cual es el o los objetos a perseguir en la causa.

Es así que, en el proceso de planificación de la investigación es necesario que exista una constante coordinación entre el investigador de campo y el Investigador Financiero, y en los casos en que el proceso sea a nivel judicial, el Fiscal jugará un papel de suma importancia ya que dictará el norte de la investigación.

Técnicas de investigación financiera

El investigador financiero deberá hacer uso de diversas técnicas para la realización de su labor.

Muchas de ellas son técnicas clásicas de la investigación criminal como el uso de informantes, interrogatorio de testigos y sospechosos, vigilancia de objetivos, inteligencia de campo para la recopilación de información, allanamientos y uso de otras fuentes policiales.

En el caso de las investigaciones financieras, las técnicas más utilizadas son:

Técnicas de verificación verbal[31]

Declaraciones: obtención de información sobre los hechos investigados, mediante la aplicación de entrevistas directas a las personas involucradas.

Entrevista directa: aplicación directa de cuestionarios, en los que los datos son tomados por el propio investigador, mediante un formulario. Esto facilita el trabajo cuando el investigador tiene que hacer las mismas preguntas a un grupo de personas, como, por ejemplo, para verificar pagos de comerciantes a un sospechoso de retener dinero de una empresa cobrado por él.

Técnicas de verificación ocular[32]

Observación: acción directa realizada por el investigador, mediante la verificación ocular de las operaciones y los pasos seguidos por unidades

---

[31] Guía de Investigación Financiera y Contable Ministerio Público Policía Nacional de Honduras Comisión Nacional de Bancos y Seguros Dirección Nacional de Investigación e Inteligencia
[32] Guía de Investigación Financiera y Contable Ministerio Público Policía Nacional de Honduras
Comisión Nacional de Bancos y Seguros Dirección Nacional de Investigación e Inteligencia

administrativas y entidades. Corresponde a las inspecciones en la investigación policial.

Comparación: identificar diferencias entre las operaciones realizadas por una organización y los lineamientos normativos, prácticos y técnicos disponibles.

Revisión selectiva: revisión rápida de ciertas características importantes que debe cumplir una actividad, los informes o los documentos elaborados.

Técnicas de verificación documental

Rastreo: dar seguimiento a una transacción de manera progresiva o regresiva. También puede aplicarse al desarrollo de procesos administrativos en una entidad jurídica.

Conciliación: Examinar la información producida en dos fuentes, con respecto a una misma operación o actividad, con el fin de hacerlas concordar, mediante la identificación de las causas de las diferencias que se encuentren. La forma más conocida de la aplicación de este procedimiento son las conciliaciones bancarias, mediante las cuales se explican las diferencias entre el saldo de la cuenta bancaria según los registros de la entidad jurídica y el saldo reportado por la entidad financiera.

Comprobación: verificar la existencia, legalidad y legitimidad de las operaciones realizadas por una entidad, mediante la verificación de los documentos que las justifican.

Cálculo: verificar la exactitud aritmética de los datos contenidos en documentos, repitiendo las operaciones para determinar la corrección y la exactitud.

Técnicas de verificación escrita

Análisis de cuentas:

Separación de los elementos o partes que conforman una operación, actividad, transacción o proceso, con el propósito de establecer su propiedad y conformidad con los criterios de orden normativo y técnico.

Revisiones analíticas:

Revisión de datos y registros contables para establecer desviaciones importantes entre los períodos examinados. La aplicación de esta técnica a las investigaciones se trata de forma detallada en el tema 2 del capítulo III de esta guía.

Confirmaciones:

Obtención de información directa por escrito de personas que poseen información acerca de los hechos investigados.

Certificación:

Similar a la anterior, es utilizada para obtener información de entes públicos o autoridades de otros países. Tabulaciones: agrupar elementos importantes obtenidos, en áreas, segmentos o elementos estudiados que permitan llegar a conclusiones.

Evaluación y análisis de transacciones financieras e incrementos patrimoniales.

Como ya hemos indicado, la investigación financiera requiere del análisis de las transacciones financieras y el comportamiento patrimonial de los sujetos investigados.

El uso de esta técnica requiere:

- Analizar información bancaria y de otros productos financieros existentes en el mercado.

- Crear perfil de los investigados

- Analizar del patrimonio de los integrantes de la familia o la sociedad

- Analizar del origen de sus patrimonios

- Determinación del costo de vida

- Entre otros

Evaluación de compra y venta de bienes

En esta técnica el investigador deberá:

- Identificar y establecer formas de adquisición de sus bienes.

- Establecer el origen ilícito del patrimonio en conexión con el delito base generador de fondos.

- Determinar ventas o traspasos de bienes comprados con fondos ilícitos.

- Personas relacionadas que puedan hacer uso o custodia de bienes del sujeto investigado.

- Uso de registros contables y análisis financieros para la determinación de la razonabilidad de las cifras comparables.

- Para ello es necesario tener acceso a los registros contables y tributarios del sujeto investigado por tanto deberá:

- Ser capaz de analizar información patrimonial, tributaria y contable

- Solicitar y analizar peritajes contables

- Reconstruir los balances necesarios partiendo de los registros obtenidos.

En la investigación de actividades delictivas, generalmente, se combinan técnicas de investigación criminal tradicional, con las técnicas utilizadas por las ciencias económicas y contables, con la finalidad de armonizar el objeto del trabajo y la dirección de las investigaciones, dándole un enfoque financiero a la investigación criminal. Adicionalmente, el investigador, analista o perito deberá incorporar a sus estudios el trabajo realizado por otros especialistas, cuando estos sean requeridos: avalúos de propiedades peritos matemáticos, veterinarios, médicos, entre muchos otros profesionales.

Fases de la investigación financiera

Los procesos de investigación son sistemáticos por lo cual deben agotar distintas fases en su desarrollo.

Durante una investigación financiera podemos observar tres fases claramente definidas:

La primera fase: la llamaremos fase preliminar: en esta fase se obtiene la información que da inicia a la investigación, ya sea esta, reactiva o proactiva.

El investigador procederá a conocer los antecedentes, sujetos involucrados, tentativo tipo de acción delictiva, recolección de información preliminar, recolección de información de fuentes abiertas.

Con la información recopilada se da inicio a la Planeación de la investigación, para lo cual el investigador deberá establecer los objetivos, los métodos de investigación y establecimiento de su plan de trabajo, para ello es necesario que se plantee de forma general, y basado en la información inicial, las siguientes interrogantes:

1.¿Qué ocurrió? (establecimiento del acto)

2.¿Cuándo ocurrió? (alcance temporal)

3.¿Donde ocurrieron los hechos? (alcance espacial, instituciones, lugares)

4.¿Cómo ocurrieron los hechos? (técnicas, tipologías, instrumentos)

5.¿Quien participó de los hechos? (relaciones)

Es importancia plantearse alguna información que permita crear un panorama inicial del proceso, alguna información para este fin es:

• Antecedentes conocidos al inicio de la investigación.
• Referencias que dieron inicio a la investigación.
• Hacer una síntesis de las características de operación del presunto ente delictivo.
• Definir el posible delito que se va a perseguir durante la investigación con el fin de trazar la guía de investigación.
• Establecimiento de los objetivos de la investigación en procura de dar respuesta a las 5 preguntas plateadas anteriormente.
• Nombre de los relacionados conocidos al inicio de esta etapa. Incluyendo diferentes nombres utilizados y posibles alias.

- Identificaciones. incluir todo tipo de documento de identificación valido como pasaportes, cédulas de identidad, permisos de conducir, seguros médicos, cédulas de residencia, entre otros.
- Nacionalidad. incluyendo país de nacimiento, y aquellas nacionalidades registradas.
- Edad.
- Fecha de nacimiento.
- Direcciones y teléfonos. Obtener todas las direcciones registradas en diversas bases de datos tales como recibos públicos, documentos bancarios, permisos de conducir etc.
- Actividad económica. Una fuente vital para la obtención de esta información son los expedientes bancarios, la mayor parte de normativas para la prevención del lavado de activos en los países exigen que las instituciones financieras obtengan esta información como requisito para la apertura de nuevos productos, así como que la misma se encuentre actualizada. En muchos de los casos es posible encontrar, en los expedientes, documentación de respaldo de las actividades económicas y el origen de los fondos declarados.
- Capacidad económica declarada en el sistema financiero. Junto con la información anterior, las instituciones financieras recopilan la información de ingresos máximos declarados y documentados con el fin de determinar el perfil económico de sus clientes. Esta información permite determinar posibles indicios de la realidad económica del sujeto investigado.
- Participación en Empresas o Sociedades. De primera mano las relaciones personales y comerciales identificadas mediante documentos registrales son vitales para la planificación de la investigación, la participación en gran cantidad de empresas o sociedades sugiere un mayor trabajo de campo y análisis de posibles personas relacionadas, punto vital en la planeación del estudio.
- Fotografía (si es posible).

La segunda fase la llamaremos intermedia o fase de desarrollo de la investigación. En esta etapa el investigador deberá iniciar la recolección de información y documentación que servirá de evidencia, guardando en todo momento el mayor sigilo y cuidado profesional con el fin de que dicha evidencia sea obtenida por los medios adecuados, manteniendo la cadena de custodia apropiada. Durante esta misma etapa el investigador deberá aplicar las técnicas de investigación necesaria para determinar los posibles hechos delictivos, o la participación de los sujetos en cuestión en los hechos investigados.

El investigador debe analizar todos los indicios que puedan sugerir posibles actividades ilícitas muchos de los delitos financieros como la Legitimación de Capitales y Financiamiento al Terrorismo son delitos cuya investigación se basa en los indicios.

Otro factor importante en esta etapa es el establecimiento de relaciones familiares, comerciales, societarias etc. Determinar los actores, sus testaferros, allegados, cómplices y beneficiarios tanto en conciencia como de buena fe, así como todas aquellas personas jurídicas, que permitan el ocultamiento y movilización del producto del delito.

Adicionalmente, el investigador deberá confirmar en esta etapa información relevante para su análisis como identificación de compras y ventas de bienes muebles e inmuebles, ingresos y egresos en cuentas bancarias, valores financieros, nivel de consumo en tarjetas de crédito, otros activos a su nombre o bajo su control, movimientos migratorios, establecimiento de la relación de los hechos con los individuos, ubicación y valoración de los bienes y productos en poder del grupo criminal, y cuales quiera otros datos que agreguen valor a la investigación.

La última fase es la fase final o de conclusión. Con toda la información obtenida en las fases anteriores, y basado en los hallazgos identificados y debidamente respaldados por la evidencia, el Investigador deberá preparar un informe final que será entregado a los interesados o autoridades pertinentes. Este informe lo analizaremos ampliamente en el Capítulo V.

En este apartado el investigador brindará sus conclusiones finales

– Identificación plena del o los responsables de los actos descritos.

– Determinación de la ruta del dinero (origen, canal, medio y destino).

– Descripción de posibles hechos que puedan ser considerados como ilícitos sin brindar un juicio de opinión al respecto.

– Recomendaciones: Según la dependencia que brinda el informe, podría recomendarse la necesidad de estudios o investigaciones complementarias.

CAPITULO IV

La evidencia y la prueba

La Evidencia

El Investigador Financiero, tiene como misión principal la preparación documental, es debe recopilar las pruebas documentales, registros contables, información financiera, documentos electrónicos, estados financieros, auxiliares de inventarios, proveedores, clientes y demás personas o entidades relacionadas.

Para las Normas Internacionales de Auditoria "El objetivo del auditor es diseñar y aplicar procedimientos de auditoría de forma que le permita obtener evidencia de auditoría suficiente y adecuada para poder alcanzar conclusiones razonables en las que basar su opinión."[33]

Según la NIA 500, *"La evidencia de auditoría es la información/documentación utilizada por el auditor para alcanzar las conclusiones en las que basa su opinión. La evidencia de auditoría incluye tanto la información contenida en los registros contables de los que se obtienen los estados financieros, como otra información complementaria."*

Así pues, podemos determinar que la evidencia son los medios, instrumentos, transacciones o acciones que puedan ser recopiladas y que permitan sustentar la opinión final del auditor. Cuando nos referimos propiamente a la Auditoria Forense estas evidencias se refieren a posibles actos realizados por el delincuente y que puedan ser recopiladas mediante documentación financiera para ser presentada como material probatorio en juicio.

Al respecto la misma NIA 500 en su sección A1, indica:

"La evidencia de auditoría es necesaria para sustentar la opinión y el informe de auditoría. Es de naturaleza acumulativa y se obtiene principalmente de la aplicación de procedimientos de auditoría en el transcurso de la auditoría. No obstante, también puede incluir información obtenida de otras fuentes, tales como auditorías anteriores

---

[33] Normas Internacionales de Auditoría-NIA 500- Evidencia de Auditoría

(siempre y cuando el auditor haya determinado si se han producido cambios desde la anterior auditoría que puedan afectar a la relevancia de ésta para la auditoría actual) o los procedimientos de control de calidad de la firma de auditoría para la aceptación y continuidad de clientes. Además de otras fuentes internas o externas a la entidad, los registros contables de la entidad son una fuente importante de evidencia de auditoría. Asimismo, la información que se utiliza como evidencia de auditoría puede haberse preparado utilizando el trabajo de un experto de la dirección. La evidencia de auditoría comprende tanto la información que sustenta y corrobora las afirmaciones de la dirección como cualquier información que contradiga dichas afirmaciones. Adicionalmente, en algunos casos, el auditor utiliza la ausencia de información (por ejemplo, la negativa de la dirección a realizar una manifestación que se le haya solicitado) y, en consecuencia, constituye también evidencia de auditoría."

Por la evidencia, se confirma o descarta un posible hecho ilícito. Como la evidencia corrobora o desmiente la existencia de un hecho, es importante que la evidencia obtenida en una investigación pueda ser admitida en un proceso. Por esta razón es importante que el Auditor Forense conozca plenamente el marco legal de recolección, procesamiento y presentación de evidencias ante los estrados judiciales.

Las características de la evidencia en la auditoría forense.

Toda evidencia debe partir de una base de razonabilidad, integridad, comprobabilidad y comparabilidad.

Para ello la evidencia debe ser suficiente y apropiada. Según lo establece la NIA 500 en su punto 6 *"El auditor diseñará y aplicará procedimientos de auditoría que sean adecuados, teniendo en cuenta las circunstancias, con el fin de obtener evidencia de auditoría suficiente y adecuada"*

Cuando hablamos de Suficiente nos referimos a que la evidencia debe ser suficientemente fiable, suficientemente precisa y detallada.

Cuando nos referimos a que la evidencia debe ser apropiada, se relaciona a la razonabilidad y pertinencia que tenga dicha evidencia con los hechos afirmados en la opinión del auditor.

Sobre el particular el apartado A.4 de la NIA 500 indica: *"La suficiencia y adecuación de la evidencia de auditoría están interrelacionadas. La suficiencia es la medida cuantitativa de la evidencia de auditoría. La cantidad necesaria de evidencia de auditoría depende de la valoración realizada por el auditor de los riesgos de incorrección (cuanto mayores sean los riesgos valorados, mayor será la evidencia de auditoría que probablemente sea necesaria), así como de la calidad de dicha evidencia de auditoría (cuanto mayor sea la calidad, menor podrá ser la cantidad necesaria). Sin embargo, la obtención de más evidencia de auditoría puede no compensar su baja calidad."*

Estos aspectos se relacionan con dos principios básicos para la presentación de la evidencia a nivel judicial, la evidencia debe ser:

Relevante: cuando se relaciona de manera lógica al hecho principal.

Competente: cuando se ha recabado respetando las formalidades que para ello exige la Ley.

Tipos de evidencia

Podemos clasificar la evidencia de la siguiente manera:

Evidencia Directa

La evidencia directa se refiere a aquella evidencia percibida por los sentidos del investigador como por ejemplo el cuerpo inerte de una víctima de homicidio, el arma homicida en el sitio del hecho, una cantidad de droga en un sitio denunciado por venta de dicha droga, un documento decomisado que relaciona al sujeto con el hecho, la firma en un contrato, el registro del depósito de un cheque en estudio.

Evidencia Indirecta

Por su parte la evidencia indirecta o circunstancial se refiere a aquella prueba que tiende a probar el hecho principal por inferencia (prueba indiciaria), como, por ejemplo: el incremento patrimonial desproporcionado en relación con su actividad económica. Movilización de fondos con la intención de ocultamiento o transformación.

Evidencia física, real o material: Esta evidencia se obtiene de a través de la inspección y observación directa de actividades, bienes o sucesos tales como: huellas, rastros, manchas, residuos, vestigios y similares, armas, dinero, bienes filmación, fotografía, video o cualquier otro medio avanzado que son admitidos en los tribunales y examinados como objetos del hecho punible.

Reconstruida: bajo ninguna circunstancia se ' refiere a pruebas manipuladas o inventadas, sino que se desprende de la reconstrucción de hechos (Forenses) por parte de profesionales en diversas materias tales como: Flujos de efectivo, análisis de liquidez, Análisis de rentabilidad, ruta del dinero. Etc.

Oral o Testimonial: declaraciones hechas por los testigos presenciales o circunstanciales del hecho, que declaran bajo fe de juramento, y que se conoce como prueba testimonial.

Documental: cualquier documento de tipo material escrito o impreso, por ejemplo, escritos formales o informales, mapas, diagramas, fotografías, impresos de computador que sirven, como prueba documental para probar lo consignado en dichos documentos. Registros bancarios, certificaciones registrales, certificaciones de empresas privadas o de entes públicos, etc. Para que sea considerado como prueba es necesario que:

Sea un documento original (regla de la mejor evidencia), se puede admitir una copia (regla de evidencia secundaria), cuando el original no se encuentra disponible (por destrucción, sustracción o pérdida).

Evidencias forenses documentales

Por medio de las evidencias forenses documentales la administración de justicia plasma sus decisiones relacionadas con el negocio jurídico, por lo que se considera que la auditoría forense se debe basar en éstas. En desarrollo de la indagación preliminar, se deben aportar pruebas documentales, procedentes, pertinentes y conducentes al esclarecimiento de los hechos cuya irregularidad se predica. Por otro lado, se evita que, ante la advertencia de posibles irregularidades, se oculten las pruebas documentales, que si bien no constituyen el único medio probatorio para determinar responsabilidad, si deben considerarse como el más eficaz para establecer responsabilidades. Dentro de estos documentos los auditores forenses deberán recaudar, entre otros:[34]

- Estados de Cuenta Bancarios,

- Facturas y recibos de pagos

- Contratos,

- Pólizas,

- Cheques, y demás transacciones bancarias.

- Certificados de inversión, y cualquier otro título valor.

- Contratos,

- Títulos de propiedad y registro de bienes.

- Documentos o contratos fraudulentos.

- Cotizaciones, avalúos de bienes y servicios

- Pólizas de seguros sobre bienes

- Recibos de servicios púbicos

- Declaraciones de impuestos y declaraciones de bienes

- Estados Financieros

- Auxiliares contables

- Libros legales

- Correspondencia

- Infracciones de tránsito

---

[34] Rodríguez Castro, Braulio, Evidencia de Auditoría Forense, http://www.javeriana.edu.co/fcea/cuadernos_contab/vol4_n_19/vol4_19_5.pdf

- Registros de nacimiento y registros familiares

La prueba

La prueba, la podemos definir como aquella evidencia obtenida y que permite dar certeza acerca de la verdad de un hecho o posición.

En los procesos judiciales, la carga probatoria es la facultad de presentar o solicitar pruebas que demuestren o desacrediten los hechos presentados en el proceso.

En los procesos penales, la carga de la prueba la tiene el Estado, es decir, son los fiscales los responsables de probar los hechos en discusión, y será el acusado quien presente las pruebas que desacrediten dichas afirmaciones. Esto basado en el principio de Inocencia establecido en muchas de las Constituciones Políticas de Latinoamérica.

De ahí la importancia que tiene la Auditoría Forense en su participación de recolección, análisis y procesamiento de evidencias que puedan ser presentadas como pruebas la corte.

Principios de las pruebas

Necesidad: Toda autoridad judicial y administrativa debe fundamentar sus decisiones en pruebas, legalmente recopiladas, custodiadas y aceptadas en el proceso. Y deben ser valoradas de acuerdo con la sana crítica.

Oportunidad: Se refiere a los plazos y términos establecidos en los códigos procesales para la recepción y evacuación de pruebas.

Igualdad de Oportunidades: En el proceso los sujetos procesales tienen la misma posibilidad de presentar y evacuar las pruebas necesarias para defender su verdad.

Oficiosidad: Es la facultad que tiene la Administración para solicitar aquellas pruebas que considere necesarias para esclarecer los hechos.

Publicidad: Todas las pruebas presentadas en los procesos judiciales deben ser conocidas por todas las partes en forma y tiempo, de manera que se permita la discusión, apelación u objeción de las mismas por su forma o su fondo.

Contradicción de la Prueba: todo sujeto contra quien se presente una prueba tiene el derecho de conocer y discutirla con el fin de objetarla, si la considera injusta o perjudicial.

Concentración de la prueba: se persigue la economía y celeridad procesal al buscar que las pruebas de la misma naturaleza se realicen de forma simultánea.

Conducencia: es cuando la prueba cumpliendo con todos los requisitos establecidos en la ley es aceptada en el proceso.

Pertinencia: Es cuando la prueba presentada tiene relación directa con los hechos investigados.

Fuentes para la recopilación de evidencias

Podemos determinar que existen diversas fuentes de las cuales se puede recopilar información probatoria o información para la configuración de las evidencias.

Estas fuentes las podemos clasificar en:

Fuentes internas:

Nos referimos a la obtención de evidencias directamente de la empresa o sujetos investigados, siempre será la fuente menos común ya que requiere del consentimiento del investigado, de procesos judiciales o procesos de fiscalización, para la captura de esta información.

De igual manera las fuentes internas las podemos categorizar en dos grupos:

Material probatorio originado por el sujeto investigado y en que se encuentra en su poder tal como:

▪ El sistema de contabilidad y de control interno de una organización, documentación y registro de las transacciones de la entidad, auxiliares contables entre otros. Ejemplo: Estados Financieros, registros contables, libros contables, auxiliares contables, declaración de impuestos, facturas emitidas, cheques girados, recibos por dinero, correspondencia interna, órdenes de compra a proveedores, órdenes de pedido de materiales, manuales de procedimiento, Libros de Actas, contratos emitidos, información brindada por el clientes en procesos de apertura de productos financieros para las políticas de Conozca a su Cliente, apertura de cuentas y otorgamiento de créditos.

El material probatorio documental originado por terceros y en poder del sujeto investigado.

Se refiere a material probatorio que ha sido emitido por terceros durante su relación con el sujeto investigado, como, por ejemplo: estados de cuentas bancarios y documentos de respaldo de transacciones bancarias, papeles de trabajo de auditores externos, recibos de dinero, órdenes de compra de clientes, contratos firmados con terceros, certificados de inversión emitidos por entidades financieras, facturas de compra, equipos o servicios, seguros y correspondencia, entre otros.

Fuentes externas

Es la forma más común para la obtención de evidencia, en especial por procesos de investigación no judicial. Esta fuente se refiere a material probatorio que se encuentra fuera del ámbito del sujeto investigado, en custodia de terceros.

Estas fuentes también las podemos categorizar en dos grupos:

Material probatorio documental originado por el sujeto investigado y en poder de terceros.

Durante su actividad, el sujeto investigado ha emitido gran cantidad de pruebas de auditoria y que ha sido entregado a terceros y que se encuentra en custodia de estos terceros como, por ejemplo: Estados Financieros, declaración de impuestos, facturas emitidas, cheques girados, recibos por dinero, correspondencia interna, órdenes de compra a proveedores, órdenes de pedido de materiales, contratos emitidos, información brindada por el clientes en procesos de apertura de productos financieros para las políticas de Conozca a su Cliente, apertura de cuentas y otorgamiento de créditos.

Material probatorio documental originado por terceros en poder de terceros

Se puede obtener material probatorio que habiendo sido emitido por terceros respecto al sujeto investigado, se encuentra en custodia de estos terceros, tales como estados de cuentas bancarios y documentos de respaldo de transacciones bancarias, papeles de trabajo de auditores externos, recibos de dinero, órdenes de compra de clientes, contratos firmados con terceros, certificados de inversión emitidos por entidades financieras, facturas de compra, equipos o servicios, seguros y correspondencia, infracciones, multas, registros migratorios, registro de bienes, órdenes judiciales, análisis de crédito, entre otras.

Existen otras fuentes de material probatorio sobre los delitos financieros, distintas a las pruebas documentales tales como:

Material probatorio circunstancial: proporcionado por el sistema de control interno y administrativo de la organización estudiada, así como el comportamiento semiótico, cotidiano y transaccional de los sujetos investigados que permitan establecer patrones conductuales relacionados con el delito.

El comportamiento semiótico se refiere al comportamiento de un sujeto al interactuar con otra, es el conjunto de señas y discursos brindados por un individuo al conversar o interactuar con otro.

El comportamiento cotidiano se refiere a la relación del sujeto con su medio ambiente, relaciones familiares, relaciones personales, lugares que acostumbre visitar, personas con las cuales realiza negocios, zonas geográficas en las cuales se moviliza, frecuencia de sus actuaciones etc.

Por su parte el comportamiento transaccional se refiere a sus transacciones financieras, transacciones bancarias, movimientos de fondos, compra y venta de bienes muebles e inmuebles, compra de suministros, uso de instrumentos financieros entre otros. La identificación de estos tres comportamientos en los delincuentes es lo que convierte a las instituciones financieras en el primer eslabón en la cadena preventiva contra la Legitimación de Capitales y Financiamiento al Terrorismo de los países. Estas instituciones tienen la posibilidad de identificar comportamientos inusuales o indicios en alguno de estos comportamientos en distintas partes de la relación comercial.

Además, también es posible encontrar material probatorio en los criterios especializados de peritos en materia de auditoría forense cálculos matemáticos independientes, realizados por los auditores y/o los investigadores financieros, que pretenden corroborar la veracidad de las cantidades registradas en la contabilidad o utilizadas para cuantificar las transacciones de las entidades. Además, gráficos, rutas de dinero, diagramas de flujo o de actividades, cálculo de comisiones o intereses, entre otros.

Algunas fuentes de información y su relación con la investigación financiera

Registro de sociedades

Es común el uso de personas jurídicas o morales para la realización de operaciones financieras, permitiendo con esto el anonimato o el distanciamiento del criminal de las transacciones, por ello es importante conocer las personas físicas que ostentan la titularidad de las acciones o que tienen el control de las decisiones de la empresa.

El registro de sociedades nos brinda información de fecha de constitución, representación judicial y extrajudicial, miembros de junta directiva y fecha de sus nombramientos, agentes residentes, domicilio, número de identificación de las personas físicas relacionadas, capital social inscrito entre otros. En algunos países cuentan con el registro de socios propietarios del capital accionario de las sociedades.

Ejemplo: Un grupo criminal constituye 20 sociedades mercantiles, en las cuales sus acciones son propiedad de varias de las otras sociedades mercantiles constituidas, además utilizan diversas personas como miembros de junta directiva, algunos son miembros de la misma banda criminal y otros terceros de buena fe involucrados, como empleados de las mismas empresas. Solo una o dos personas tienen el control judicial y extrajudicial de todas las sociedades y con ello el control de sus movimientos.

Es común ver bajo este modus operandi que la apertura de diversas sociedades mercantiles lo acompaña la apertura de cuentas bancarias en distintas instituciones bancarias creando una amplia red para movilización de fondos.

Registro bienes muebles e inmuebles

Siendo que el fin de los delitos financieros es el enriquecimiento de quien lo comete, entre los procesos típicos se encuentra la conversión de dichos fondos en bienes de alto valor como vehículos, propiedades, aeronaves, y embarcaciones. Estos bienes requieren de registros o matrículas que permitirán establecer el titular o propietario de dichos bienes, fechas de adquisición y traspaso, valores registrales, ubicaciones, cadena de posesión que ha tenido el bien en el transcurso del tiempo, tamaño, características, limitaciones entre otra información importante.

Imágenes de planos catastrados

Los planos catastrados nos brindan una mejor imagen del tipo terrenos parte de la investigación, distancia, ubicación exacta, terrenos colindantes, accesos, tipo de topografía etc.

Relaciones familiares

El uso de bases de datos que permitan identificar las relaciones familiares de los investigados son de suma importancia, ya que permiten ampliar el espectro de investigación a más sujetos que pudieran pueden estar relacionados. El crecimiento económico es repartido entre las personas más cercanas entre ellos los familiares.

Servicios telefónicos

A nivel judicial, esta información es de suma importancia ya que el análisis de llamadas permite establecer relaciones personales y comerciales.

Movimientos migratorios

Las organizaciones criminales realizan sus operaciones a nivel internacional por lo cual es de suma importancia determinar el origen y destino de los fondos de origen ilícito, por tanto, los movimientos migratorios permiten establecer indicios de la ruta del dinero, así como los países por los cuales se movilizan los sujetos investigados

Declaraciones de impuestos

Aun cuando la cultura latina es reconocida por el uso de diversas estrategias para lograr el menor pago de impuestos, las declaraciones de impuestos permiten establecer perfiles económicos de los sujetos investigados que contrastados con la realidad del cliente establecerán las variaciones más representativas que sugieran posibles actos ilícitos.

Información crediticia centro de información crediticia

El nivel de endeudamiento y el histórico de operaciones crediticias forman parte del perfil de operación de las personas, su poder adquisitivo, el uso de productos financieros para ocultamiento y la disponibilidad de fondos para el pago de dichas deudas.

Ejemplo: Dentro de los objetos de investigación se establece el incremento Patrimonial ya que el sujeto investigado presenta un aumento de su riqueza. Al analizar su historial crediticio de los últimos 3 años, se identifican deudas por monto bajos, con fines de consumo, o deudas canceladas con casas comerciales de electrodomésticos con problemas de pago. Esta situación nos brinda indicios del perfil patrimonial de individuo en los últimos 3 años y su relación con el perfil actual.

Declaración de bienes a la contraloría general de la república por parte de empleados públicos.

En investigaciones por corrupción, el establecimiento de perfiles económicos y la definición de niveles patrimoniales son de suma importancia. Las declaraciones de bienes son fuentes oficiales que brindan seguridad a la prueba, en procesos de extinción de dominio por corrupción se convierten en fundamentales.

Infracciones de tránsito

El acceso a las infracciones de tránsito brindará información interesante por ejemplo el uso de vehículos por parte de sujetos investigados y que registrados a nombre de terceras personas, aunque no siempre brindará información ya que dependerá de que existan infracciones, es una fuente que no se puede obviar.

Detalle de patronos

Relaciones laborales, personas involucradas, volumen de ingresos entre otros.

Exportaciones e importaciones (ADUANAS)

Esta fuente permite confirmar o descartar que los sujetos investigados posean actividades comerciales en el exterior, comparación de ingresos procedentes del exterior cuya fuente declarada sea el comercio internacional con montos declarados ante las autoridades aduaneras.

Expedientes y movimientos bancarios

Una fuente fundamental de información es la aportada por los mismos sujetos investigados, esta información la encontramos principalmente en los expedientes bancarios relacionados a productos financieros. Los expedientes que brindan mayor información son los expedientes crediticios ya que las instituciones financieras solicitan información vital de la actividad comercial para el análisis de crédito, información contable y financiera, información de bienes muebles e inmuebles, contratos, referencias crediticias y personales.

Adicionalmente las transacciones financieras son la fuente vital para el análisis de comportamiento de los fondos de origen ilícito, determinación del origen de fondos, movimiento, uso y destino de los mismos, así como relaciones personales y comerciales identificables en la movilización de estos fondos entre personas.

CAPITULO V

El análisis de la información contable

Para el análisis de la información contable es importante antes conocer más como se compone la Contabilidad de un ente económico.

Aún y cuando muchos autores insisten en que los Principios de Contabilidad Generalmente Aceptados establecidos en Mar del Plata en 1965, ya fueron superados por las Normas Internacionales de Información Financiera, hay que afirmar que las NIIF se basan en estos principios y más por el contrario los fortalecen y amplían.

Hasta el día de hoy la contabilidad se sigue realizando basada en el principio de Partida Doble, el cual fue creado por Luca Pacioli en 1494. Y es este el principal enunciado de la Contabilidad y da explicación a lo que conocemos como Ecuación Contable en donde el Total de los Activos de la Empresa es igual a la suma de sus Pasivos más su Patrimonio Neto.

Cabe aclarar algunos conceptos de esta ecuación:

Según las Normas Internacionales de Información Financiera NIIF los activos son: Los beneficios económicos futuros incorporados a un activo consisten en el potencial del mismo para contribuir directa o indirectamente, a los flujos de efectivo y de otros equivalentes al efectivo de la entidad. Puede ser de tipo productivo, constituyendo parte de las actividades de operación de la entidad. Puede también tomar la forma de convertibilidad en efectivo u otras partidas equivalentes, o bien de capacidad para reducir pagos en el futuro, tal como cuando un proceso alternativo de manufactura reduce los costos de producción.

Usualmente, una entidad emplea sus activos para producir bienes o servicios capaces de satisfacer deseos o necesidades de los clientes; puesto que estos bienes o servicios satisfacen tales deseos o necesidades, los clientes están dispuestos a pagar por ellos y, por tanto, a contribuir a los flujos de efectivo de la entidad. El efectivo, por sí mismo, rinde un servicio a la entidad por la posibilidad de obtener, mediante su utilización, otros recursos.

Los beneficios económicos futuros incorporados a un activo pueden llegar a la entidad por diferentes vías. Por ejemplo, un activo puede ser:

(a) utilizado aisladamente, o en combinación con otros activos, en la producción de bienes y servicios a vender por la entidad;

(b) intercambiado por otros activos;

(c) utilizado para satisfacer un pasivo; o (d) distribuido a los propietarios de la entidad.

Muchos activos, como por ejemplo las propiedades, planta y equipo, son elementos tangibles. Sin embargo, la tangibilidad no es esencial para la existencia del activo; así las patentes y los derechos de autor, por ejemplo, tienen la cualidad de activos si se espera que produzcan beneficios económicos futuros para la entidad y son, además, controlados por ella.

Algunos activos, como por ejemplo las cuentas por cobrar y los terrenos, están asociados con derechos legales, incluido el derecho de propiedad. Al determinar la existencia o no de un activo, el derecho de propiedad no es esencial; así, por ejemplo, las propiedades en régimen de arrendamiento financiero son activos si la entidad controla los beneficios económicos que se espera obtener de ellos. Aunque la capacidad de una entidad para controlar estos beneficios sea, normalmente, el resultado de determinados derechos legales, una partida determinada podría incluso cumplir la definición de activo cuando no se tenga control legal sobre ella. Por ejemplo, los procedimientos tecnológicos, producto de actividades de desarrollo llevadas a cabo por la entidad, pueden cumplir la definición de activo cuando, aunque se guarden en secreto sin patentar, la entidad controle los beneficios económicos que se esperan de ellos.

Los activos de una entidad proceden de transacciones u otros sucesos ocurridos en el pasado. Las entidades obtienen los activos mediante su compra o producción, pero también pueden generarse activos mediante otro tipo de transacciones; son ejemplos de ello los terrenos recibidos por la entidad del gobierno, dentro de un programa de fomento del desarrollo económico de un área geográfica, o el descubrimiento de yacimientos minerales. Las transacciones o sucesos que se espera ocurran en el futuro, no dan lugar por sí mismos a activos; así, por ejemplo, la intención de comprar inventarios no cumple, por sí misma, la definición de activo.

Existe una asociación muy estrecha entre la realización de un determinado desembolso y la generación de un activo, aunque uno y otro no tienen por qué coincidir necesariamente. Por tanto, si la entidad realiza un desembolso, este hecho puede suministrar evidencia de que pueden obtenerse beneficios económicos, pero no es una prueba concluyente de que se esté ante una partida que satisfaga la definición de activo. De igual manera, la ausencia de un desembolso relacionado no impide que se esté ante una partida que satisfaga la definición de activo, y que se convierta por tanto en una candidata para reconocimiento como tal en el balance; por ejemplo, las partidas que han sido donadas a la entidad pueden satisfacer la definición de activos.[35]

Por su parte las NIIF establece que los Pasivos son: Una característica esencial de todo pasivo es que la entidad tiene contraída una obligación en el momento presente. Un pasivo es un compromiso o responsabilidad de actuar de una determinada manera. Las obligaciones pueden ser exigibles legalmente como consecuencia de la ejecución de un contrato o de un mandato contenido en una norma legal. Este es normalmente el caso, por ejemplo, de las cuentas por pagar por bienes o servicios recibidos. No obstante, las obligaciones también aparecen por la actividad normal de la entidad, por las costumbres y por el deseo de mantener buenas relaciones comerciales o actuar de forma equitativa. Si, por ejemplo, la entidad decide, como medida política, atender a la rectificación de fallos en sus productos incluso cuando éstos aparecen después del periodo normal de garantía, los importes que se espere desembolsar respecto a los bienes ya vendidos son también pasivos para la entidad.

Es necesario distinguir entre una obligación presente y un encargo o compromiso para el futuro. La decisión de adquirir activos en el futuro no da lugar, por sí misma, al nacimiento de un pasivo. Normalmente, el pasivo surge sólo cuando se ha recibido el activo o la entidad entra en un acuerdo irrevocable para adquirir el bien o servicio. En este último caso, la naturaleza irrevocable del acuerdo significa que las consecuencias económicas del incumplimiento de la obligación, por ejemplo, a causa de la existencia de una sanción importante, dejan a la entidad con poca o ninguna discrecionalidad para evitar la salida de recursos hacia la otra parte implicada en el acuerdo. Usualmente, la cancelación de una obligación presente implica que la entidad entrega unos recursos, que llevan incorporados beneficios económicos, para dar cumplimiento a la

---

[35] Marco Conceptual NIIF 2012 p.A43

reclamación de la otra parte. La cancelación de un pasivo actual puede llevarse a cabo de varias maneras, por ejemplo, a través de:

(a) pago de efectivo;

(b) transferencia de otros activos;

(c) prestación de servicios;

(d) sustitución de ese pasivo por otra deuda; o

(e) conversión del pasivo en patrimonio.

Un pasivo puede cancelarse por otros medios, tales como la renuncia o la pérdida de los derechos por parte del acreedor.

Los pasivos proceden de transacciones u otros sucesos ocurridos en el pasado. Así, por ejemplo, la adquisición de bienes y el uso de servicios dan lugar a las cuentas por pagar (a menos que el pago se haya anticipado o se haya hecho al contado), y la recepción de un préstamo bancario da lugar a la obligación de reembolsar la cantidad prestada. Una entidad puede también reconocer como pasivos las rebajas y descuentos futuros, en función de las compras anuales que le hagan los clientes; en este caso la venta de bienes en el pasado es la transacción que da lugar al nacimiento del pasivo.

Ciertos pasivos sólo pueden medirse utilizando un alto grado de estimación. Algunas entidades describen tales pasivos como provisiones. En ciertos países las provisiones no son consideradas como deudas, porque en ellos el concepto de pasivo está definido tan estrechamente, que sólo permite incluir las partidas que pueden determinarse sin necesidad de realizar estimaciones. La definición de pasivo dada es una aproximación más amplia al concepto. Así, cuando la provisión implique una obligación presente, que cumple el resto de la definición, se trata de un pasivo, incluso si la cuantía de la misma debe estimarse. Ejemplos de estas situaciones son las provisiones para pagos a realizar por las garantías contenidas en los productos, y las provisiones para cubrir obligaciones por pensiones.[36]

---

[36] Marco Conceptual NIIF 2012 p.A44

El último de los conceptos de la Ecuación Contable es el Patrimonio el cual podemos definir como aquella porción de la empresa que pertenece a los socios, incluyendo los aportes realizados y las ganancias obtenidas, un ejemplo dado por la NIIF es: en una sociedad por acciones pueden mostrarse por separado los fondos aportados por los accionistas, las ganancias acumuladas, las reservas específicas procedentes de ganancias y las reservas por ajustes para mantenimiento del capital. Esta clasificación puede ser relevante para las necesidades de toma de decisiones por parte de los usuarios de los estados financieros, en especial cuando indican restricciones, sean legales o de otro tipo, a la capacidad de la entidad para distribuir o aplicar de forma diferente su patrimonio. También puede servir para reflejar el hecho de que las partes con intereses en la propiedad de la entidad, tienen diferentes derechos en relación con la recepción de dividendos o el reembolso del capital.

En ocasiones, la creación de reservas viene obligada por leyes o reglamentos, con el fin de dar a la entidad y sus acreedores una protección adicional contra los efectos de las pérdidas. Otros tipos de reservas pueden haber sido dotadas porque las leyes fiscales del país conceden exenciones o reducciones impositivas, cuando se produce su creación o dotación. La existencia y cuantía de las reservas de tipo legal, reglamentario o fiscal, es una información que puede ser relevante para las necesidades de toma de decisiones por parte de los usuarios. La dotación de estas reservas se deriva de la distribución de ganancias acumuladas, y por tanto no constituye un gasto para la entidad.

El importe por el cual se muestra el patrimonio en el balance depende de la evaluación que se haya hecho de los activos y los pasivos. Normalmente, sólo por mera casualidad coincidirá el importe acumulado en el patrimonio con el valor de mercado de las acciones de la entidad, ni tampoco con la cantidad de dinero que se obtendría vendiendo uno por uno los activos netos de la entidad, ni con el precio de venta de todo el negocio en marcha.

A menudo, las actividades comerciales, industriales o de negocios, son llevadas a cabo por entidades tales como comerciantes individuales, sociedades personalistas, asociaciones y una variada gama de entidades propiedad del gobierno.

Frecuentemente, el marco legal y de regulación de tales entidades es diferente del que se aplica a las sociedades anónimas y a las demás que limitan la responsabilidad de los socios. Por ejemplo, puede haber en estas entidades pocas o ninguna restricción para distribuir a los propietarios u otros beneficiarios los saldos incluidos en las cuentas del patrimonio. No obstante, tanto la definición de patrimonio como los demás aspectos de este Marco Conceptual, concernientes al mismo, son perfectamente aplicables a estas entidades.[37]

Siendo así, podemos entonces afirmar que los activos de una empresa únicamente pueden existir gracias a los aportes generados por los socios o inversiones sobre capital, las deudas obtenidas, los dineros generados por las ganancias de la empresa o la venta de otros activos.

Es decir, que los activos solo se pueden obtener por otros activos existentes, pasivos o cuentas de patrimonio.

Esquema lógico de generación de recursos frescos en un ente económico en marcha:

Activos	Pasivos	Patrimonio (Capital+Ingresos)
• Venta de activos • Recuperación de Cartera • Liquidación de inversiones	• Obtención de créditos para capital de trabajo • Emisión de bonos o similares	• Aportes de socios • Venta de bienes y servicios

Por su parte los egresos de fondos de las empresas únicamente tendrían las siguientes justificaciones:

Gastos y Costos de operación, Pago de Pasivos existentes, Compras de nuevos activos, pago de dividendos decretados, retiros de capital, inversiones temporales, otorgamiento de préstamos.

Esquema lógico de flujos de fondos salientes de un ente económico en marcha:

---

[37] Marco Conceptual NIIF 2012 p.A45

Para la persecución de fondos de origen ilícito

Activos	Pasivos	Patrimonio (Capital+Gastos)
• Venta de activos • Recuperación de Cartera • Liquidación de inversiones • Inversiones permanente • Compra de inventarios • Gastos pagados anticipadamente	• Cancelación de créditos • Cancelación de obligaciones • Cancelación de bonos o similares	• Gastos operativos • Retiros de capital • Pago de dividendos

Al realizar el análisis financiero de una empresa durante la investigación, es importante conocer estos conceptos básicos, que nos permiten visualizar la realidad de las transacciones financieras del ente económico.

Análisis de efectivo (Cash Flow)

De lo visto anteriormente, definimos que el efectivo es un activo de la empresa, el cual, lo podemos identificar en cuentas disponibilidades, efectivo, efectivo en caja, o cuentas bancarias.

Este análisis permite identificar flujos injustificados de fondos como lo veremos a continuación:

Con base en los siguientes estados financieros, analizaremos los flujos de efectivo movilizados por la empresa La Investigada S.A.

Es importante indicar que algunos datos trascienden las revelaciones de los estados financieros ya que los mismos solo muestran los saldos a una fecha y no las transacciones totales durante el periodo en estudio. De ahí que es necesario contar con información contable más detallada y documentación generada fuera de la empresa.

LA INVESTIGADA S.A.
BALANCE DE SITUACION
(EXPRESADO EN COLONES)

	AL 30 DE SETIEMBRE DEL 2013	AL 30 DE SETIEMBRE DEL 2014
ACTIVO		
ACTIVOS CORRIENTES		
CAJA Y BANCOS	3,741,545.07	12,729,038.52
CAJA CHICA	25,000.00	25,000.00
CUENTAS POR COBRAR	11,127,253.38	9,232,620.00
TOTAL ACTIVOS CORRIENTES	**14,893,798.45**	**21,986,658.52**
ACTIVOS NO CORRIENTES		
DEPOSITOS EN GARANTIA	2,000.00	2,000.00
MOBILIARIO DE OFICINA	2,130,000.00	1,130,000.00
DEPRECIACION ACUM. MOBILIARIO OFICINA	(56,550.00)	(54,600.00)
ACTIVO FIJO NETO	**2,075,450.00**	**1,077,400.00**
TOTAL GENERAL DE ACTIVOS	**16,969,248.45**	**23,064,058.52**
PASIVOS		
PASIVOS CORRIENTES		
CUENTAS POR PAGAR COMERCIALES	1,538,120.64	633,316.64
ADELANTO DE CLIENTES	703,537.20	566,680.12
PROVISIONES POR PAGAR	992,957.34	862,759.24
IMPUESTOS POR PAGAR	20,700.00	18,900.00
CREDITOS POR PAGAR	3,259,120.40	3,570,367.20
TOTAL PASIVOS CORRIENTES	**6,514,435.58**	**5,652,623.20**
TOTAL GENERAL DE PASIVOS	**6,514,435.58**	**5,652,623.20**
PATRIMONIO		
CAPITAL SOCIAL	30,000.00	30,000.00
RESERVA LEGAL	0.00	0.00
APORTACIONES ADICIONALES DE SOCIOS	1,075,491.21	2,000,000.00
UTILIDADES ACUMULADAS	2,574,430.77	9,349,321.66
UTILIDADES DEL EJERCICIO	6,774,890.89	6,032,113.66
TOTAL PATRIMONIO	**10,454,812.87**	**17,411,435.32**
TOTAL PASIVO Y PATRIMONIO	**16,969,248.45**	**23,064,058.52**

Para la persecución de fondos de origen ilícito

LA INVESTIGADA S.A.
ESTADO DE PERDIDAS Y GANANCIAS
(EXPRESADO EN COLONES)

	2013	2014
INGRESOS		
VENTAS A CONTADO	12,278,544.38	10,712,085.48
VENTAS A CREDITO	5,543,364.00	4,565,569.00
TOTAL INGRESOS	**17,821,908.38**	**15,277,654.48**
COSTOS		
COSTOS DE OPERACIÓN	(6,322,654.00)	(3,439,029.39)
TOTAL COSTOS	**(6,322,654.00)**	**(3,439,029.39)**
UTILIDAD DE OPERACIÓN	**11,499,254.38**	**11,838,625.09**
GASTOS		
GASTOS DE OPERACIÓN		
ADMINISTRATIVOS	(4,658,664.49)	(5,806,511.43)
GASTOS FINANCIEROS	(65,699.00)	0.00
TOTAL GASTOS	**(4,724,363.49)**	**(5,806,511.43)**
UTILIDAD DEL PERIODO	**6,774,890.89**	**6,032,113.66**
IMPUESTO DE RENTA	0.00	0.00
ADELANTOS DE RENTA	0.00	0.00
IMPUESTO NETO POR PAGAR	**0.00**	**0.00**
UTILIDAD NETA DEL PERIODO	**6,774,890.89**	**6,032,113.66**

Con los estados financieros y con ayuda de datos recabados durante la investigación es posible realizar un análisis de ingresos y egresos contables que afectan las cuentas de bancos, al compararlo con los movimientos bancarios podemos identificar hallazgos importantes.

El auditor forense de extraer de la información financiero, aquellos datos que le permitan identificar los posibles flujos de dinero.

A Setiembre 2014	Partidas	Fórmula	Monto
Ingresos	Ventas de contado	Ingresos por ventas (resultados)	10,712,085.48
	Ingresos cobrados por anticipado	Aumento de ingresos devengados	-
	Recuperación de cuentas por cobrar	CXC2013+Ventas a credito-CXC2014	6,460,202.38
	Liquidaciones de inversiones	Disminución de inversiones	-
	Ventas de activos	Activo Fijo 2014-Activo Fijo 2015 (sin depreciación acumulada)	1,000,000.00
	Desembolso de operaciones crediticias	Operaciones de crédito según instituciones crediticias	500,000.00
	Adelanto de clientes	Detalle de adelanto de clientes	400,000.00
	Inversiones de Capital	Aumento de Inversiones terceros	-
	Aportes Adicionales de socios	Saldo 2014-Saldo 2013	924,508.79
Total			**19,996,796.65**

A Setiembre 2014	Partidas	Fórmula	Monto
Egresos	Costos y gastos	Costos + Gastos	9,245,540.82
	Pago de pasivos existentes	Saldo 2013 + compras a crédito + obligaciones-saldo 2014	8,138,150.18
	Compra de activos	Aumento de Activos	
	Pago de cuotas bancarias	Saldo 2013 + desembolsos 2014- saldo 2014	188,753.20
	Dividendos	Saldo 2013 + Dividendos decretados - saldo 2014	
	Retiros de Capital	Retiros 2014- retiros 2103	
	Inversiones	Aumento de inversiones	
	Impuestos pagados	Saldo 2013 + Impuestos	

	2014 - saldo 2014	1,800.00
Total		**17,574,244.20**

Con base en la información extraída, es posible realizar un análisis de flujo de caja que permita identificar variaciones, que puedan sugerir, ingresos no registrados contablemente.

	Saldo contable Bancos 2013	3,741,255.07
	Ingresos de fondos	19,996,796.65
Libros	Egresos de Fondos	17,574,244.20
	Transacciones netas 2014	2,422,552.45
	Saldo neto 2014	6,163,807.52

	Saldo cuenta bancaria 2013	3,741,545.07
	Créditos en cuentas bancarias	53,896,335.00
Bancos	Débitos en cuentas bancarias	51,473,782.55
	Transacciones netas 2014	2,422,552.45
	Saldo neto 2014	6,164,097.52

Como podemos observar, los saldos entre la cuenta de banco en libros y los saldos bancarios se encuentran conciliados, pero si observamos los rubros de ingresos y egresos notamos que existen diferencias importantes que corresponden a flujos adicionales de fondos injustificados.

Análisis de Razones Financieras

Las razones financieras nos permiten realizar una evaluación de la condición financiera y económica de una empresa con negocio en marcha.

Durante este análisis, es posible identificar actividades inusuales que indican que la empresa no tiene un fin meramente comercial, o que existen inconsistencias en la operación normal de una empresa.

Las razones financieras se clasifican en cuatro grupos:

1. Razones de liquidez

2. Razones de endeudamiento

3. Razones de rentabilidad

4. Razones de cobertura

Razones de Liquidez.

Estas nos permiten evaluar el nivel de liquidez con que cuenta la empresa y para ello se evalúan los siguientes indicadores:

Capital Neto de Trabajo

Activo Corrientes - Pasivo Corriente

Entre mayor sea la diferencia, siendo el Activo Corriente mayor al Pasivo Corriente, mayor es la salud financiera de la empresa.

Índice de Solvencia

$$\frac{\text{Activo Corriente}}{\text{Pasivo Corriente}}$$

Entre más alto sea el cociente de esta división mayor será la solvencia de la empresa

Prueba Acida

$$\frac{\text{Activo corriente – Inventarios}}{\text{Pasivo corriente}}$$

Mide la solvencia de la empresa tomando en cuenta, únicamente, los activos corrientes más líquidos.

Rotación de inventarios

$$\frac{\text{Coste mercancías vendidas}}{\text{Promedio inventarios.}}$$

Ejemplo:

Tomando en cuenta que el costo de mercancías en el año 2014 de $6.000.000 y un promedio de inventarios en el 2014 de $1.000.000, entonces

$$6.000.000/1.000.000 = 6.$$

Es decir, que la rotación del inventario durante el 2014, fue de 6 veces, ósea los inventarios se vendieron o rotaron cada dos meses (12/6). Las mercancías permanecieron 2 meses en el almacén antes de ser vendidas.

Rotación de cuentas por cobrar

Es el tiempo que le toma a la empresa recuperar su cartera

Ventas a crédito
Promedio cuentas por Cobrar

Supongamos la empresa que en el 2014 realizó ventas a crédito por 3.000.000.

Al iniciar el 2014 tenía un saldo en cartera de 100.000 y al finalizar el 2006 su saldo en cartera era de 200.000.

$$3.000.000/((100.000+200.000)/2) = 30.000.000/1.5000 = 20$$

Entonces su rotación de cuentas por cobrar sería de 20

Si se divide 360 (días del año) entre 20 tendremos que la empresa rota su cartera cada 18 días (360/20 = 18)

Entre menor es el plazo de rotación de la cuenta por cobrar mayor es su liquidez por recuperación de cartera.

Rotación de cuentas por pagar.

Determina la cantidad de veces por periodo en que la empresa debe pagar sus pasivos

Compras anuales a crédito

Promedio de cuentas por pagar

Razones de endeudamiento

Establecen el nivel de endeudamiento que tiene la empresa y su capacidad para asumir sus pasivos. Entre los indicadores que se utilizan tenemos:

Razón de endeudamiento.

Es la proporción de activos financiados por terceros

$$\frac{\text{Pasivo total}}{\text{Activo total.}}$$

Razón pasivo capital.

Proporción que hay entre los activos financiados por los socios y los financiados por terceros

$$\frac{\text{Pasivo a largo plazo}}{\text{Capital contable}}$$

Razones de rentabilidad

Se mide la rentabilidad que obtiene la empresa ya sea con respecto a las ventas, con respecto al monto de los activos de la empresa o respecto al capital aportado por los socios.

Margen bruto de utilidad.

Porcentaje de utilidad bruta

$$\frac{\text{Ventas} - \text{Costo de ventas}}{\text{Ventas}}$$

Margen de utilidades operacionales.

$$\frac{\text{Ventas} - \text{Costo de ventas-Gastos Financieros}}{\text{Ventas}}$$

Margen neto de utilidades.

Porcentaje de utilidad sobre utilidades netas

$$\frac{\text{Utilidad Bruta-Gastos financieros}}{\text{Ventas}}$$

Rotación de activos.

Mide la rotación de los activos para determinar la eficiencia del uso de los activos

$$\frac{\text{Ventas totales}}{\text{Activos totales}}$$

Rendimiento de la inversión.

$$\frac{\text{Utilidad neta después de impuestos}}{\text{Activos totales}}$$

Mide el rendimiento que ha tenido la inversión realizad en activos.

Rendimiento del capital común.

Mide la rentabilidad obtenida por el capital contable y se toma como referencia las utilidades después de impuestos restando los dividendos preferentes.

$$\frac{\text{Utilidades netas después de impuestos - Dividendos preferentes}}{\text{Capital contable - Capital preferente.}}$$

Utilidad por acción.

Indica la rentabilidad que genera cada acción o cuota parte de la empresa.

$$\frac{\text{Utilidad para acciones ordinarias}}{\text{Número de acciones ordinarias}}$$

Razones de cobertura

Miden la capacidad de la empresa para cubrir sus obligaciones.

Cobertura total del pasivo.

Determina la capacidad que tiene la empresa para cubrir el costo financiero de sus pasivos (intereses) y el abono del capital de sus deudas.

Utilidad antes de impuestos + intereses

Intereses + abonos a capital del pasivo.

Razón de cobertura total. Este indicador busca determinar la capacidad que tiene la empresa para cubrir con las utilidades los cotos totales de sus pasivos y otros gastos como arrendamientos.

Utilidad antes de intereses impuestos

Intereses+ abonos a capital + el monto de la erogación sustraída del dividendo + pago de arrendamientos

CAPITULO VI

El informe del auditor forense

Como producto de este proceso, el Investigador Financiero deberá emitir un dictamen pericial, respecto a los hallazgos. encontrados.

Este será el medio de comunicación entre el investigador y su cliente directo Fiscalía, Policía Judicial, Dueño de empresa etc.

El éxito de la labor del investigador financiero no solo se centra en la obtención y procesamiento de la evidencia, sino también en la redacción de su informe. Por lo tanto, el dictamen deberá de presentar características específicas que permitan al perito su fin.

– Claro: El informe debe ser claro manteniendo una secuencia lógica de su contenido, de fácil comprensión para el lector, evitando realizar relaciones excesivas a otras aéreas del dictamen o a documentos anexos.

– Detallado en los asuntos importantes: el auditor debe evitar deambular en ideas imprecisas o extensas, por lo que debe centrarse en explicar los hallazgos importantes de forma detallada más no extensa en cuestiones sin fondo.

– Conciso en las aseveraciones y hallazgos: siguiente la característica anterior, cuando el investigados exponga las aseveraciones y hallazgos identificados, deberá ser conciso con el fin de no perder al lector en ideas vagas que distraigan su atención.

– De fácil entendimiento para terceras personas no técnicas: si bien es cierto que los informes periciales son de carácter técnico, el investigador no debe olvidar que los usuarios de dichos informes no precisamente tendrán la formación necesaria para su interpretación. Por lo tanto, el nivel de profesionalismo con que es redactado el informe debe guardar la facilidad de ser entendido por terceras personas no técnicas en el asunto.

– Contenido Suficiente y Relevante: La cantidad de información en los informes, es de suma importancia para que el mensaje llevado al usuario sea completo y apegado con la realidad. Por lo cual su contenido debe ser suficiente si ser exhaustivo en asuntos sin importancia y basado en las evidencias recopiladas sin el uso de criterios o juicios de valor infundados.

Formato de informe de auditor forense (informe pericial)

El informe pericial debe guardar un orden que permita al usuario una lectura fluida, sistemática y en concordancia de ideas.

Este informe debe estructurarse en secciones claramente definidas entre las que se recomiendan.

1- Antecedentes del estudio:

En esta sección se debe realizar una breve descripción de las razones que dieron origen al estudio desarrollado, las personas o instituciones que requieren dicha investigación y la base jurídica que sustenta dicho estudio.

– Antecedentes conocidos al inicio de la investigación.
– Referencias que dieron inicio a la investigación.
– Hacer una síntesis de las características de operación del presunto ente delictivo.
– Definir el posible delito que se va a perseguir durante la investigación con el fin de trazar la guía de investigación.

2- Objetivos del estudio:

Toda investigación se basa en objetivos claros, los cuales permitirán que el investigador establezca la ruta de su investigación y los resultados esperados para ellos, la definición de los objetivos del estudio formará parte de la planificación inicial de la investigación. Tal y como vimos en el Capítulo III estos objetivos dependerán del objeto de la investigación, y los delitos a perseguir.

Establecimiento de los Objetivos de la investigación en procura de dar respuesta a las 5 preguntas que plantearán la Teoría del caso.

El investigador deberá plantearse 5 preguntas.

1. ¿Qué ocurrió? (establecimiento del acto)
2. ¿Cuándo ocurrió? (alcance temporal)
3. ¿Donde ocurrieron los hechos? (alcance espacial, instituciones,

lugares)
4.¿Cómo ocurrieron los hechos? (técnicas, tipologías, instrumentos)
5.¿Quien participó de los hechos? (relaciones)

Se pueden citar algunos ejemplos tales como:

a.Identificar y cuantificar, objetivamente, la masa patrimonial de los sujetos investigados, la forma de obtención de dicho patrimonio, y sus incrementos entre los años 2018 y 2022.

b.Determinar la fuente de los ingresos económicos de los sujetos investigados, su relación con posibles actividades ilícitas entre los años 2018 y 2022.

c.Emitir un Dictamen Pericial del Estudio realizado a la información financiera de los sujetos investigados en el Expediente Judicial n°xxx, que permita determinar su razonabilidad y confiabilidad para los periodos comprendidos entre los años 2018 y 2022.

3- Alcances

Es importante determinar cuál es el alcance de la investigación, para ello se debe establecer un alcance temporal el cual indica el período cronológico que comprende el estudio, rango de fechas de los hechos a investigar y un alcance material el cual establece las fuentes generales, accesos, documentos y actuaciones realizadas para la obtención de evidencias y el alcance espacial, que se refiere a él o los lugares, institución o instituciones en incluso país o países donde se realizó el delito o que puedan estar relacionados con el hecho investigado.

Por Ejemplo:

a.La presente investigación analiza los hechos suscitados entre enero 2010 y agosto 2014.

b.Los hechos analizados en la presente investigación se circunscriben a enero 2013.

c.La investigación se basó en la información contenida en el Reporte de Operación Sospechosa presentados por las Instituciones Financieras la cual abarca el periodo comprendido entre los años 2010 y 2014

d. Para la presente investigación se tuvo acceso a las principales entidades financieras a fin de identificar otros productos a nombre de las personas relacionadas con la recepción de transferencias.

e. Se solicitó información a través de las fuentes confidenciales sobre movimientos migratorios y números telefónicos de las personas relacionadas.

f. Se realizaron consultas a través de fuentes confidenciales a nivel nacional e internacional, con el fin de obtener información si las personas relacionadas han tenido o tienen algún caso pendiente con la justicia.

4- Fuentes de información:

En este apartado se debe detallar las fuentes de información de las cuales se obtuvo información para la realización del dictamen.

Por Ejemplo:

Para la presente investigación se utilizaron las siguientes fuentes oficiales:

Instituciones Financieras

a. Registro Público de la Propiedad

b. Registro Mercantil

c. Contraloría General de la República

d. Compañía de Seguros

e. Compañía de Servicios Públicos.

f. Migración y Extranjería.

g. Catastro Nacional.

5- Resultados

En esta sección se reflejarán los datos obtenidos durante la investigación, y se deberá dividir según el tipo de información a desglosar

Por ejemplo:

5.1- Datos generales de las personas en investigación:

Si bien es cierto que durante una investigación serán muchas las personas identificadas, es importante determinar claramente quienes de estas personas son realmente el blanco de la investigación, es decir quienes realmente están involucradas y serán el objeto principal a perseguir.

Por ello en este apartado solo incluiremos las personas principales de la investigación:

Información de las personas físicas:

Los datos recabados de las diferentes entidades a las cuales se recurrió para la atención de este caso, han permitido confeccionar el siguiente detalle personalizado sobre los sujetos investigados:

Nombre.	Juan Pérez Gaíta
Identificaciones.	Cédula de identidad 1-09x5-090x
	Pasaporte: 236563
Nacionalidad.	Costarricense
Edad.	37 años
Fecha de nacimiento.	31/10/1967
Direcciones y teléfonos.	La Colmena 24, calle 1 av 2
Actividad económica.	Comerciante de Joyas
Capacidad económica declarada en el sistema financiero.	Ingresos: US$10,000 mensuales Egresos: US$10,000 mensuales
Representación Judicial/ Junta Directiva/ Socios.	Se registra en 23 sociedades con diversos puestos (ver sección xx)

Registro de servicios públicos

La mayoría de los servicios públicos como servicios eléctricos, alcantarillados, servicios telefónicos, servicios de cable e internet residencial, entre otros, están relacionados a una dirección física de un inmueble, lo que permite obtener ubicaciones de inmuebles registrados a terceros, pero en uso o control de los sujetos investigados o personas relacionadas de importancia para la investigación.

Servicio	Número	Dirección asociada	Fuente.
Telefónico	22308350	San Marino, Residencial Plaza Bloque 43 casa 10.	Empresa Telefónica
Electricidad	321515	243 de Alameda 14, calle 2 avenida 2	Empresa Electricidad
Alcantarillado	5634652	Residencial San Vicente, la Granja, lote 43d	Empresa Alcantarillado

Movimientos migratorios

En las investigaciones judiciales o de inteligencia, es de vital importancia tener acceso a los registros migratorios de los sujetos investigados. Siendo que el crimen organizado es trasnacional, conocer los destinos y procedencia de los viajes de los investigados permite establecer las posibles relaciones de la organización criminal en el exterior, posibles fuentes o destinos de fondos, bienes relacionados, relación de ingresos con destinos visitados, relación con paraísos fiscales y países de alto riesgo, tiempo de duración del viaje, entre otra información.

Salida	Entrada	Destino	Origen	Motivo
23/08/2006	26/08/2006	Panamá	Panamá	Turismo
05/12/2006	20/12/2006	Estados Unidos	Estados Unidos	Turismo
29/10/2007	02/11/2007	Estados Unidos	Panamá	Turismo
16/12/2007	22/12/2007	Panamá	Bolivia	Residir
01/08/2008	10/08/2008	Estados Unidos	Estados Unidos	Residir
13/10/2010	22/10/2010	Estados Unidos	Estados Unidos	Oficial
25/10/2010	30/10/2010	Panamá	Panamá	Turismo
30/12/2010	03/01/2011	Estados Unidos	Estados Unidos	Turismo
20/03/2011	30/03/2011	Brasil	Brasil	Turismo
21/10/2011	31/10/2011	Marruecos	Marruecos	Turismo
30/11/2011	06/12/2011	Estados Unidos	Estados Unidos	Oficial

Un empleado público, con un bajo nivel de ingreso, investigado por corrupción, quien ha realizado viajes Brasil, Marruecos, sin justificación aparente, y al relacionar esta información con el consumo en tarjetas de crédito utilizada en los países visitados nos indica la existencia de posibles fuentes adicionales de ingresos o financiamiento.

Estudio de bienes muebles e inmuebles

Recordemos que uno de los objetivos de las investigaciones financieras es lograr determinar la relación de las personas investigadas con bienes que pudieran haber sido obtenido con dineros de procedencia ilícita o que forman parte del patrimonio de los criminales y sobre los cuales puedan existir procesos de extinción o privación de dominio.

Por esta razón es de suma importancia identificar bienes muebles e inmuebles, sus características, ubicación, fechas de adquisición, valor del bien y cualquier otra información de importancia.

Matrícula	Ubicación	Fecha de Inscripción	Valor Escritura	Valor de Mercado	Gravamen
433265-00	Central El Guarco, La Rivera casa 71	27/02/2011	100.000,00	1.500.000,00	Banco XXX por 1.500,000
02654-00	San José, Colonia Valco, lote 23	10/05/2012	100.000,00	965.000,00	Si Gravamen

Propietario							
Placa No.	Marca	Estilo	Categoría	Carrocería	Tracción	Modelo	Color
SJD5445	Nissan	X-TRAIL	Automóvil	Todo Terreno	4x4	2012	Plateado

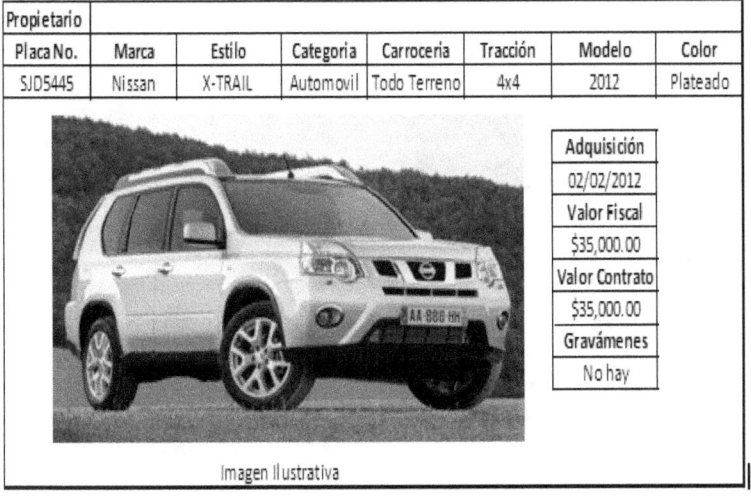

Adquisición
02/02/2012
Valor Fiscal
$35,000.00
Valor Contrato
$35,000.00
Gravámenes
No hay

Imagen Ilustrativa

Estudio de sociedades

Como ya lo analizamos anteriormente, la información de sociedades permite la creación de redes de relaciones y ampliación del ámbito de investigación más allá de solo las personas físicas relacionadas.

Nombre de la Empresa:		
Dirección Asociada:		
Cédula Jurídica:		
Fecha de Inscripción:		
Junta Directiva	**Identificación**	**Representante Legal**
Presidente		
Vicepresidente		
Tesorero		
Fiscal		

Graficar los resultados es estratégico para una mejor comprensión de las redes criminales y sus relaciones.

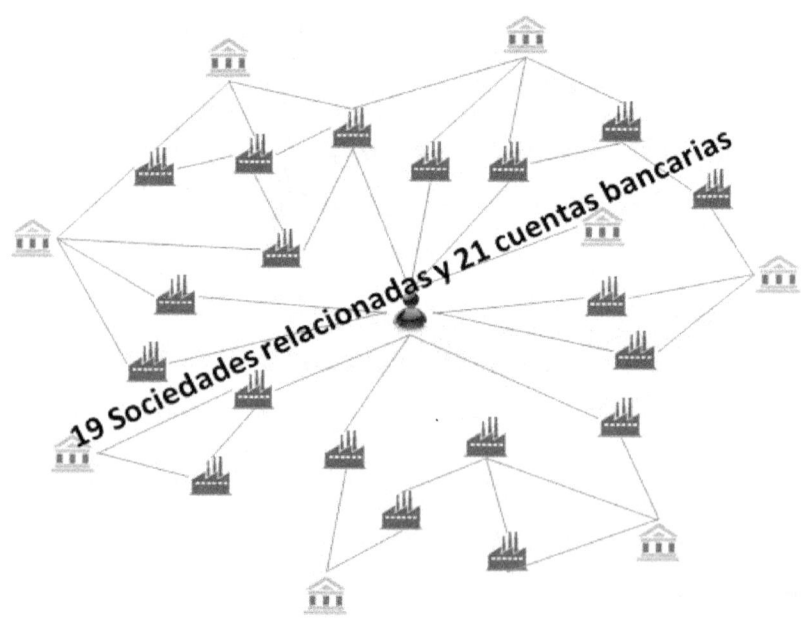

19 Sociedades relacionadas y 21 cuentas bancarias

Registros financieros

Este apartado es de vital importancia, pero de igual manera puede ser considerado el más complejo de entender por terceros no técnicos, como fiscales, jueces y abogados, por esta razón es necesario que la información sea desglosada según el tipo de productos y las características de los mismos, pero dejando su análisis para la sección de Análisis del Caso más adelante.

Se deben separar los productos de Cuenta Corriente, Ahorro o Inversión como cuentas bancarias, certificados de inversión, inversiones bursátiles etc, de los productos de crédito, como por ejemplo créditos bancarios, tarjetas de crédito, operaciones de factoreo, operaciones de arrendamiento etc.

Cuentas Corrientes, de Ahorro o Inversión

Banco	Cuenta	Moneda	Producto	Apertura	Saldo	Ingresos últimos 12 meses	ESTATUS
Banco	102210027	USD	Cuenta Corriente	02/02/2007	125,000.00	1,250,000.00	Activa
Cooperativa	722875071	USD	Ahorros	19/03/2011	919.09	25,000.00	Activa
Puesto de Bolsa	904460801	USD	Inversiones	02/02/2007	200,000.00	1,000,000.00	Activa
Fondos de Inversión	1701007917	USD	Inversiones	12/08/2006	0.00	500,000.00	Cerrada

Productos Crediticios

Banco	Cuenta	Moneda	Producto	Apertura	Límite	Vencimiento	Saldo	Cancelación	Estatus
Banco	5006512063	USD	Crédito Hipotecario	29/09/2007	400,000.00	29/09/2027	0.00	25/05/2012	Cancelado
Banco	3375351065451	USD	Tarjeta de Crédito	20/05/2010	10,900.00	Indefinido	8,500.00		Activa

De igual manera cuando existan otro tipo de transacciones como transferencias internacionales no relacionadas a cuentas bancarias, remesas, cheques de caja u oficiales, cajas de seguridad, compra y venta de divisas, entre otras, deberán de reflejarse en una sección individual.

Otros Productos identificados

Banco	Moneda	Producto	Fecha	Local	Dólares
Banco	USD	Compra de Divisas	10/09/2013	5.230.000,00	10.000,00
Banco	USD	Venta de Divisas	15/09/2013	5.040.000,00	10.000,00

Institución	Cuenta	Moneda	Descripción	Débitos
Banco	1321215	USD	USA, CITI, CCXXX	229.080,00
Banco	En Ventanilla	USD	COLOMBIA, SANTADERXX	345.665,00

Análisis del caso

En esta sección el Investigador Financiero, deberá realizar los análisis correspondientes con la información obtenida, describiendo ya sean las relaciones de Transacciones con Personas, Personas con Personas o Personas con Bienes, según corresponda, incluso todas las relaciones anteriores si el caso lo amerita.

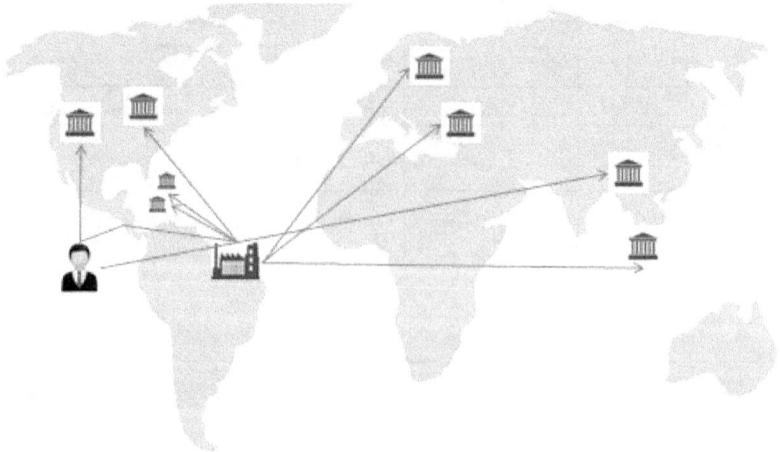

Debe describir los resultados arrojados por los estudios efectuados ya sean Transaccionales, Patrimoniales o de Análisis Financiero.

Es necesario que el Perito haga uso de Gráficas y cuadros, que faciliten la comprensión del análisis de la información ante personas no expertas.

Asimismo, las descripciones deben ser claras, concisas y sin posibilidad de interpretaciones sesgadas.

Cuentas y Bancos	Colones		Dólares	
Concepto	Suma de Debitos	Suma de Créditos	Suma de Debitos	Suma de Créditos
COMISIONES	7,735.33	-		
COMPRAS	374,323.43	-	22.31	-
DEPOSITO EN EFECTIVO	-	16,534,301.27	-	30.00
DEPOSITOS	-	230,433,737.10	-	543,023.50
INTERESES	-	33,440.50	-	0.24
OTROS	2,543.25	-		
PAGOS SERVICIOS	23,230.00	-		
RETIRO ATM COLONES	241,112,133.60	-	533,207.00	-
TRANSFERENCIA ENTRE CUENTAS DE TERCEROS	3,000,000.00	-	5,402.00	-
Total general	244,746,214.05	243,045,320.47	543,033.31	543,053.34

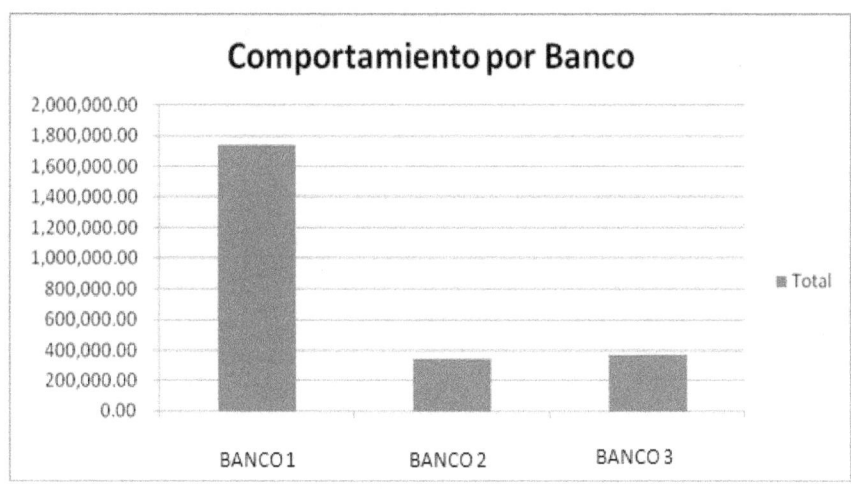

En los casos cuyo fin es la Privación Definitiva de Dominio, el Dictamen deberá presentar la comparación de Perfiles de cada sujeto investigado, concluyendo si existe incremento patrimonial injustificado que sustente la investigación judicial.

año	Ingreso Justificado	Ingreso en Cuentas Bancarias	Ingresos no justificados
2007	453,419.91	310,459.44	-
2008	431,433.11	444,514.10	24,194.11
2009	449,014.94	101,194.29	4,301.01
2010	934,424.49	114,419.49	13,345.41
2011	1,149,104.19	1,391,211.44	345,944.95
2012	1,995,113.19	1,433,094.15	31,390.42
TOTAL	884,853.02	754,973.54	24,194.11

Realizar comparaciones de ingresos declarados, ingresos justificados e ingresos no justificados, ingresos reales y egresos, nos permite determinar la existencia de flujos de dinero adicionales no justificados, y el comportamiento del crecimiento económico del individuo

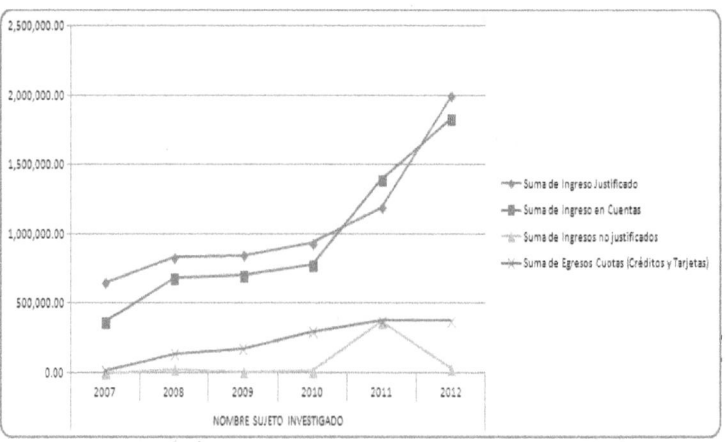

Asimismo, realizar un análisis de liquidez, es decir, el indicador de la cantidad de dinero con que cuenta un individuo para hacer frente a sus obligaciones diarias, después de descontadas las obligaciones bancarias nos permite determinar la capacidad económica del sujeto investigado.

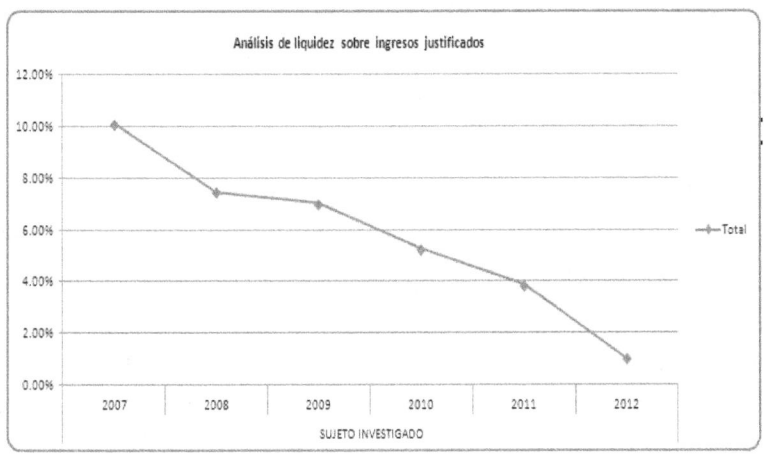

Conclusiones del Caso.

Es el criterio técnico con el que se responde a los temas para la peritación, que sirvieron de base para definir los objetivos del estudio pericial. El perito expresa su opinión profesional en relación con el logro de dichos objetivos. Esta opinión dependerá, como se mencionó anteriormente, de las limitaciones que el perito enfrentó para realizar el trabajo; la existencia o no de limitaciones y la extensión de éstas.[38]

El Investigador Financiero deberá brindar su opinión profesional respecto a los hechos o hallazgos encontrados, indicando claramente su posición respecto a la posible existencia de comportamientos que puedan sugerir la existencia de un acto ilícito o condiciones atípicas injustificadas. Pero deberá abstenerse realizar aseveraciones o juicios valor sobre la existencia del delito ya que solo los tribunales tienen dicha facultad. La opinión deberá versar sobre el comportamiento financiero de los investigados, el comportamiento de los fondos o bienes y su relación con el comportamiento típico de los mismos y si dicho comportamiento tiene, o no, una posible justificación.

---

[38] Guía de Investigación Financiera y Contable Ministerio Público Policía Nacional de Honduras Comisión Nacional de Bancos y Seguros Dirección Nacional de Investigación e Inteligencia

Bibliografía

-Braulio Adriano Rodríguez Castro, "Evidencia de Auditoria Forense". Colombia Cuadernos De Contabilidad Issn: 0123-1472 ed: Ceja v.1 fasc.18 p.91 - 120 ,2004

-Braulio Adriano Rodríguez Castro, "Una Aproximación a La Auditoria Forense". Colombia Cuadernos De Contabilidad ISSN: 0123-1472 ed: Ceja v.1 fasc.1 p.233-269, 2002

-Gladys Soto Villarroel, Carlos Paillacar Silva- Auditoría Forense, Una nueva Especialidad- Universidad de Santiago de Chile-2010

-Cano A C., Castro V René M.- Auditoria forense en a investigación criminal de lavado de dinero y activos.- Bogotá. Editorial Ecoediciones. 2005

-Maldonado, Milton-"Auditoría Forense: Prevención e Investigación de la Corrupción Financiera".- Quito – Ecuador. Editora Luz de América. 2003

-Badillo, Jorge- Ensayo "Auditoria Forense, Más que una especialidad profesional una misión: prevenir y detectar el fraude financiero"- versión 2- Quito, Ecuador- mayo 2008.

-International Federation of Accountants- - Normas Internacionales de Auditoría y Control de Calidad- Instituto Mexicano de Contadores Público- México. - 2010

-Delgado, Luis Aparicio- Auditoria Forense, Evidencias Técnicas- 2 Edición-La Paz, Bolivia -2003

-Vásquez Gonzalez, Carlos - Teorías Criminológicas sobre Delincuencia Juvenil- Madrid, España- UNED- 2003

-Rodríguez, Giovanni José - Análisis, Detección y Prevención del Fraude en las empresas- Nicaragua- Sf

-Donald R. Cressey. - Other People's Money: A Study in the Social Psychology of Embezzlement. - New Jersey, USA, - Patterson Smith-1973

- Ministerio Público Policía Nacional de Honduras Comisión Nacional de Bancos y Seguros Dirección Nacional de Investigación e Inteligencia- Guía de Investigación Financiera y Contable – primera edición- Tegucigalpa- 2014

- International Accounting Standards Board (IASB)- International Financial Reporting Standards (IFRSs) - ISBN for complete publication (two parts): 978-1-907877-55-1- London -United Kingdom-2012

- Grupo de Acción Financiera Internacional- Estándares Internacional en la lucha contra el lavado de activos, financiamiento al terrorismo y proliferación de armas de destrucción masiva. - Paris 2012.

- PNUD- Curso en prevención y gestión de riesgos de corrupción para el sector público en américa latina- Módulo 1 Corrupción, Desarrollo Humano y Gobernabilidad Democrática. – 2013

- Alison S. Burke, David Carter, Brian Fedorek, Tiffany Morey, Lore Rutz-Burri, & Shanell Sanchez- Introducción al sistema de justicia penal estadounidense (Burke et al.) Southern Oregon University- 2002- https://espanol.libretexts.org/Negocio/Derecho/Libro%3A_Introduccion_a l_sistema_de_justicia_penal_estadounidense_(Burke_et_al.)

Bibliografía electrónica

– https://na.theiia.org/
– http://www.acfe.com/
– http://www.state.gov/documents/organization/45323.pdf
– -Haro Ricardo- La Razonabilidad y las Funciones de Control- Ius et Praxis Año 7 No 2: 179 - 186, 2001- Artículos de Doctrina- http://www.scielo.cl/
– -Rodríguez Castro, Braulio- Evidencia de Auditoría Forense, http://www.javeriana.edu.co/fcea/cuadernos_contab/vol4_n_19/vol4_19_5.pdf
– Iberofórum. Revista de Ciencias Sociales de la Universidad Iberoamericana. Año IV, No 8. Julio-Diciembre 2009. María del Pilar López Fernández, pp. 130-147. Universidad Iberoamericana A.C., Ciudad de México. www.uia/iberoforum
–

www.ingramcontent.com/pod-product-compliance
Lightning Source LLC
Chambersburg PA
CBHW070042210526
45170CB00012B/568